まちごとチャイナ

Chongqing 005 Around Chongqing
重慶郊外と開発区

山城とりまく「衛星巨群」

Asia City Guide Production

【白地図】重慶と西南中国

CHINA
重慶

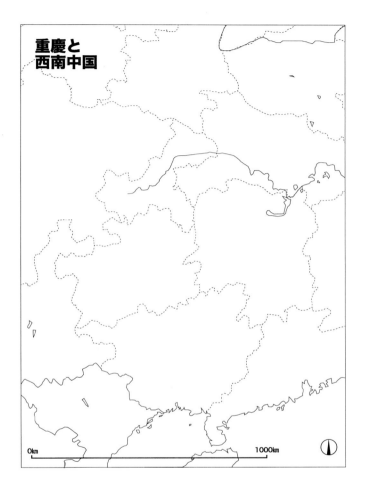

【白地図】重慶市

CHINA
重慶

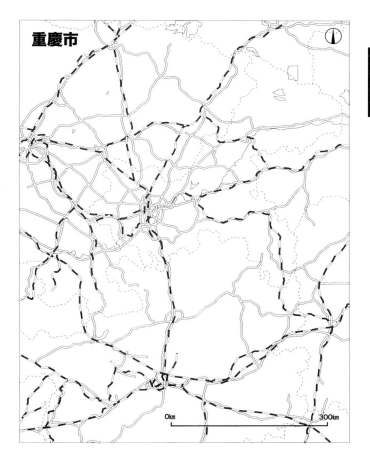

【白地図】重慶

CHINA
重慶

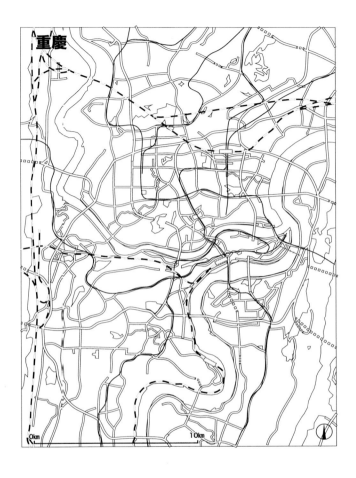

【白地図】九龍坡

CHINA
重慶

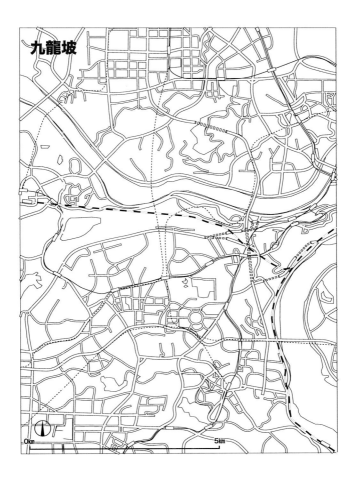

【白地図】楊家坪

CHINA
重慶

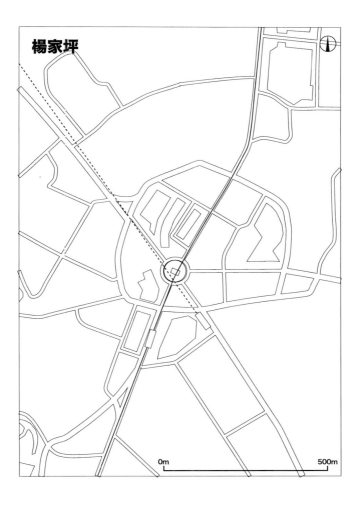

【白地図】沙坪壩

CHINA
重慶

【白地図】沙磁歌楽山

CHINA
重慶

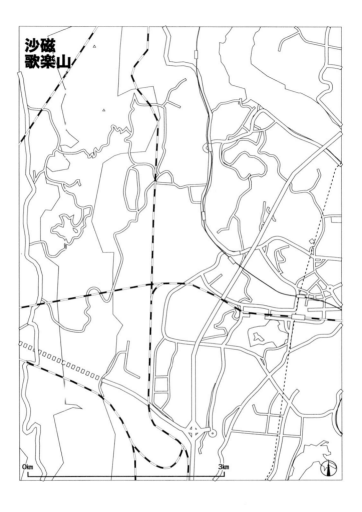

【白地図】磁器口

CHINA
重慶

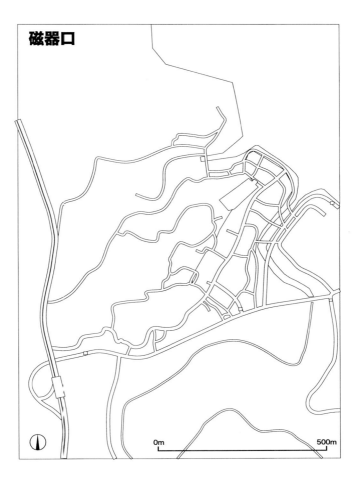

【白地図】歌楽山

CHINA
重慶

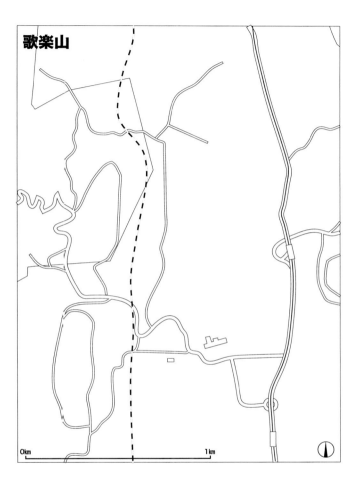

【白地図】南岸

CHINA
重慶

Around Chongqing 白地図

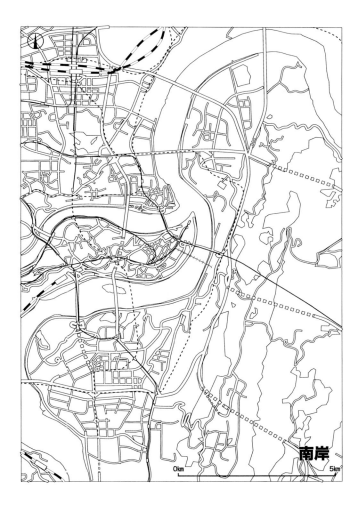

南岸

【白地図】上新街

CHINA
重慶

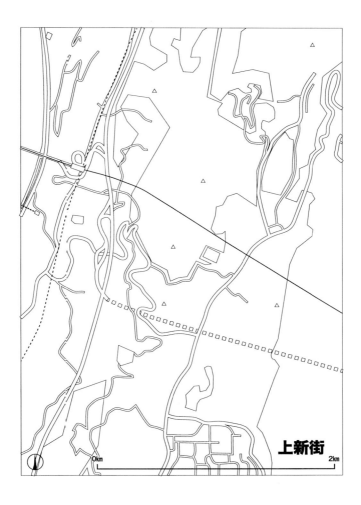

【白地図】黄山

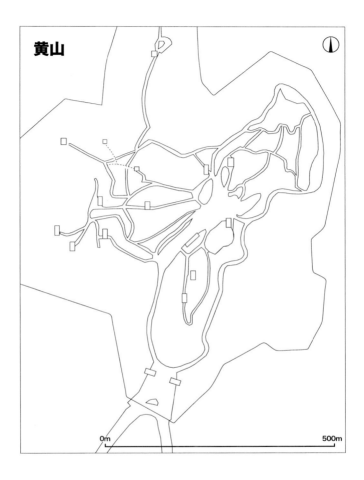

【白地図】南坪

CHINA
重慶

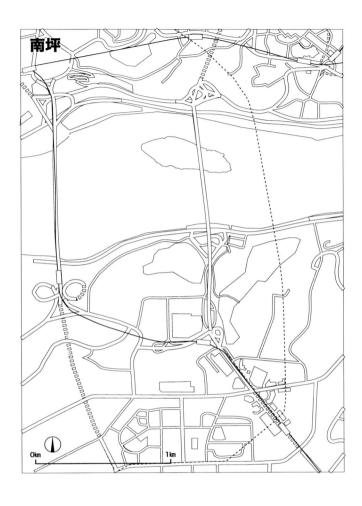

【白地図】弾子石

CHINA
重慶

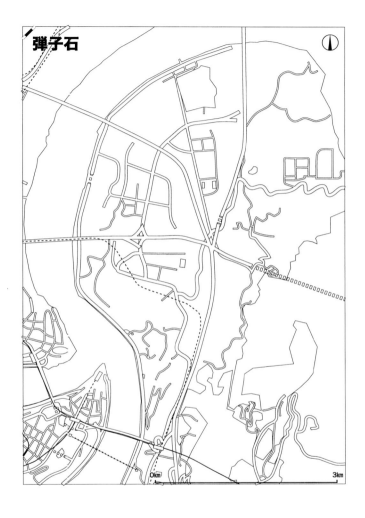

【白地図】江北嘴

CHINA
重慶

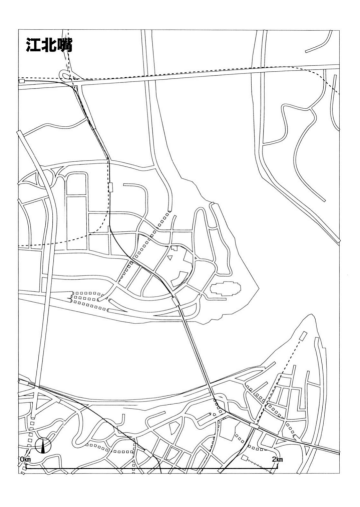

【白地図】江北嘴中央公園

CHINA
重慶

【白地図】重慶市街と観音橋

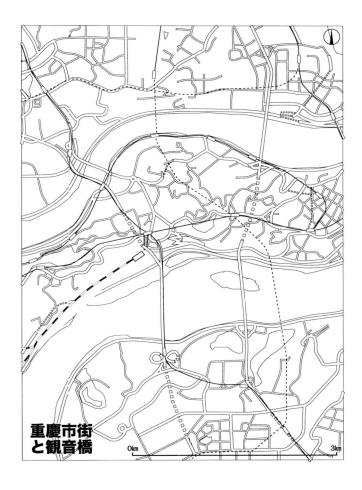

Around Chongqing 白地図

重慶市街と観音橋

0km 3km

【白地図】観音橋

CHINA
重慶

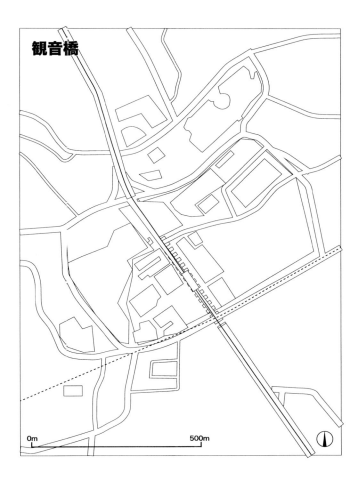

【白地図】江北

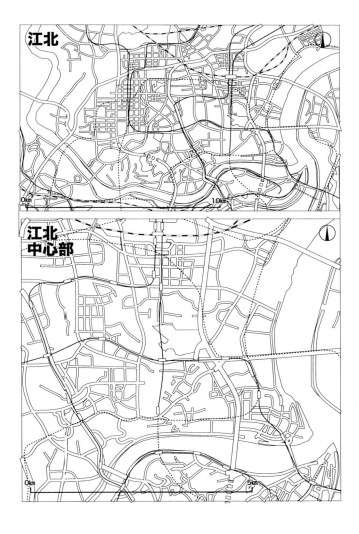

【白地図】重慶郊外

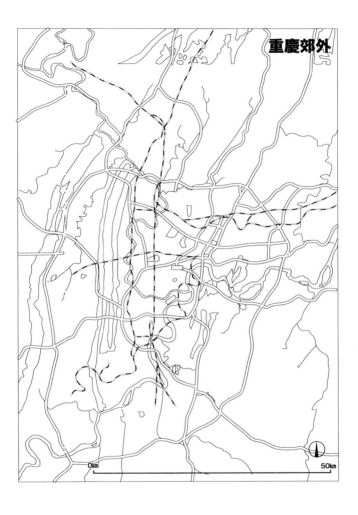

【白地図】北碚

CHINA
重慶

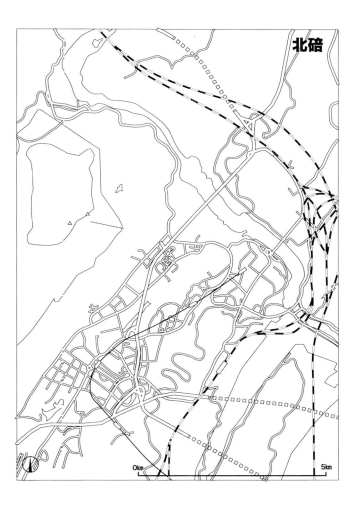

【まちごとチャイナ】
重慶001 はじめての重慶
重慶002 重慶市街
重慶003 三峡下り（重慶〜宜昌）
重慶004 大足
重慶005 重慶郊外と開発区

CHINA
重慶

1997年、北京、上海、天津に続く4番目（内陸部で唯一）の直轄市となった重慶。西部大開発の拠点として、大規模な資金が投じられ、重慶市街のビックバンとも言える郊外の都市化がはじまった。そして江北の「観音橋」、長江南岸の「南坪」、西郊外の「沙坪壩」、南西の「楊家坪」といった衛星都市が重慶市街を囲むように形成されている。

この重慶郊外は21世紀に入るまで、のどかな景色が広がる農村地帯に過ぎなかった。現在でも嘉陵江に面した「磁器口」では明清時代の面影を伝える街並みが見られ、また重慶郊外

重慶郊外と開発区
重庆郊区和开发区
chóng qìng jiāo qū hé kāi fā qū
チョンチンジィアオチュウハアカァイファアチュウ

は日中戦争の陪都（1937〜46年）時代に市街からの疎開地という性格をもち、黄山や歌楽山には蒋介石ら国民党の邸宅跡が残っている。

　現在、新たに立ちあがった新市街は縦横に走る重慶モノレール、嘉陵江と長江に架けられた幾本もの橋で渝中半島の市街部と結ばれ、人、モノも盛んに往来している。また火鍋の二大スポット「南山黄桷埡」と「龍頭寺」、泉水鶏（よだれ鶏）発祥の「泉水鶏一条街」はいずれも重慶市街から離れた郊外に位置する。

【まちごとチャイナ】
重慶005 重慶郊外と開発区

目次

重慶郊外と開発区……………………………………………xliv

両江越え広がる市域 …………………………………………lii

楊家坪城市案内……………………………………………lviii

沙坪壩城市案内 ……………………………………………lxviii

磁器口城市案内 ……………………………………………lxxv

歌楽山鑑賞案内 ……………………………………………lxxxvii

南岸城市案内…………………………………………………c

重慶は抗戦中の臨時首都……………………………………cxviii

黄山鑑賞案内 ………………………………………………cxxv

南坪城市案内······cxl

弾子石城市案内 ······cxlv

江北嘴城市案内······clv

観音橋城市案内 ······clxxi

江北城市案内······clxxxi

重慶郊外城市案内 ······cxcii

北碚城市案内 ······ccvii

重慶郊外こぼればなし······ccxvi

Around Chongqing　重慶郊外と開発区

【地図】重慶と西南中国

CHINA
重慶

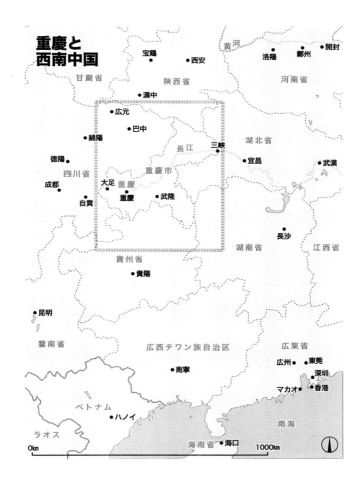

【地図】重慶市

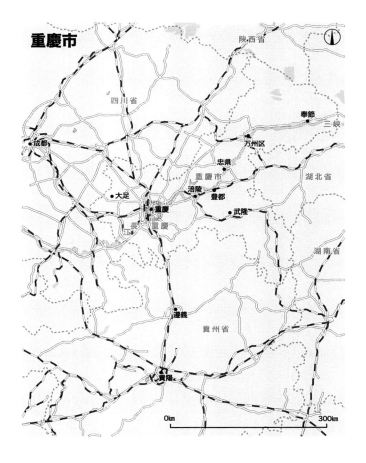

両江越え広がる市域

CHINA
重慶

かつて嘉陵江と長江間の渝中半島部分をさした重慶
今ではその周縁部を飲み込みながら発展を続ける
スプロールしていく第4の直轄市

立ち現れた郊外の新商圏群

嘉陵江と長江が合流する地点に開けた「山城」重慶。両江にはさまれた渝中半島が伝統的な重慶で、現在ではふたつの河川の外側（郊外）に新たな市街部がつくられている（重慶市街は唯一の陸地である西方面に拡大していたが、1997年に4番目となる直轄市となり、三峡地区からの移民の受け入れにも応えるかたちで、郊外の都市化が進んだ）。嘉陵江北岸の「観音橋」、長江南岸の「南坪」、市街西郊外の「沙坪壩」、南西の「楊家坪」といった複数の商圏が新たに形成され、中心の「解放碑」をあわせて重慶五大商圏と呼ぶ。

Around Chongqing 両江越え広がる市域

坪と壩

重慶郊外の衛星商圏（新市街）には、「坪」や「壩」といった漢字のつく地名がいくつか見られる。「坪」は平らかとか広場を意味し、「壩」とは河道につくられた傾斜面の堰、ダムを意味する。たとえば南坪なら、「南の平らかなところ」といった街名となる。これは重慶が丘陵に発展した山城で、平らかな場所が少なく、長江と嘉陵江というふたつの河川が流れて河川敷に「壩」がつくられやすいという、地形の特徴を端的に示すものとなっている（「坪」や「壩」の場所が開発地に選ばれた）。

CHINA
重慶

重慶郊外と開発区の構成

「世界最大の街」重慶という言葉は、この都市が「市」という単位で、圧倒的な面積、人口をもつことに由来する。中小規模の省と同規模で、三峡下りの三峡地域、世界遺産大足石窟や中国南方カルストの武隆をふくむ巨大な市を形成する。一方で、都市重慶をさす場合は、渝中半島とその周囲の地域をさす。この都市部の開発にあたって、山城(朝天門や解放碑)部分を商業区、近郊を住宅区、沙坪壩を文化区、南岸を工業区、南北温泉や陪都時代の黄山風景区、歌楽山風景区を観光区とするなどのプランが立てられた（また明清時代の面影を

▲左　石畳、黒の屋根瓦、昔ながらのこの地方の街並みが見られる磁器口。
　▲右　新商圏の観音橋、人であふれる

残す街並みの磁器口も位置する)。高鉄の重慶北駅が江北に整備されるなど、郊外の都市化がめざましく、観音橋(北)、南坪(南)、沙坪壩(西)、楊家坪(南西)といった商圏は、都市部と農村部(郊外)を結ぶ結節点の役割を果たしている。

【地図】重慶

【地図】重慶の［★★★］
- ☐ 磁器口古鎮 磁器口古镇ツウチイコォウグウチェン
- ☐ 重慶抗戦遺跡博物館 重庆抗战遗址博物馆
  チョンチィンカァンヂアンイイチイボオウウグゥアン

【地図】重慶の［★★☆］
- ☐ 楊家坪 杨家坪ヤァンジィアピィン
- ☐ 沙坪壩 沙坪坝シャァピィンバア
- ☐ 南浜路美食街 南滨路美食街
  ナァンビィンルウメイシイジエ
- ☐ 江北嘴 江北嘴ジィアンベェイズゥイ
- ☐ 観音橋 观音桥グゥアンイィンチィアオ
- ☐ 重慶火鍋一条街 重庆火锅一条街
  チョンチィンフゥオグゥオイイティアオジィエ

【地図】重慶の［★☆☆］
- ☐ 南坪 南坪ナァンピィン
- ☐ 龍門浩老街 龙门浩老街ロォンメンハオラオジエ
- ☐ 朝天門長江大橋 朝天门长江大桥
  チャオティエンメンチャンジィアンダアチィアオ
- ☐ 両江新区 两江新区リィアンジィアンシィンチュウ

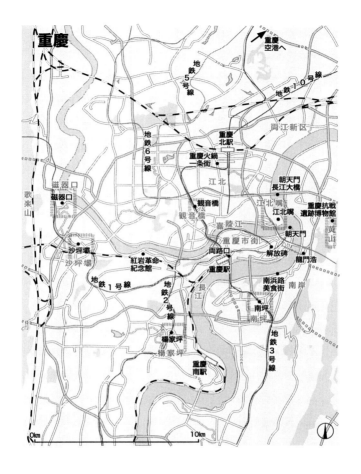

Guide,
Yang Jia Ping
楊家坪
城市案内

重慶南西部から郊外にかけて広がる九龍坡
楊家坪はその主都市で
モノレールで重慶市街部と結ばれている

楊家坪 杨家坪 yáng jiā píng ヤァンジィアピィン ［★★☆］
市街南西に位置し、重慶を代表する商圏を形成する楊家坪(解放碑、観音橋、楊家坪、南坪、沙坪壩が重慶五大商圏)。円形広場を中心に西城天街や重百商場といった大型ショッピングモールがならび、歩行街は多くの人が行き交う(さらに環状の興勝路が外側をめぐる)。この地はかつて郊外だったが、2003年に楊家坪の開発計画がはじまり、東の都市部と西の農村部への結節点という役割が期待された。重慶市街の拡大とともに市街中心部とひとつながりとなり、九龍坡区の中心地となっている。

重慶動物園 重庆动物园 chóng qìng dòng wù yuán
チョンチィンドォンウウユュエン [★☆☆]

パンダはじめキリン、サイ、ゾウ、レイヨウ、爬虫類、金魚などが飼育されている重慶動物園。「両棲爬行館（ウミガメやチョウザメなど）」「猩猩館（オラウータンやチンパンジー、ゴリラなど）」「金魚館（金魚や熱帯魚）」「鳥語林（鳥類）」「可愛動物園区（アルパカやウサギ、アライグマなど）」「河馬館（カバ）」「熊猫館（ジャイアントパンダ）」が起伏ある丘陵上に展開する。また園内には渓流、瀑布、楼閣、亭も見える。この重慶動物園は、市街から南西8km離れた楊家坪で、1953

【地図】九龍坡

【地図】九龍坡の ［★★☆］
- [ ] 楊家坪 杨家坪 ヤァンジィアピィン
- [ ] 沙坪壩 沙坪坝 シャアピィンバア
- [ ] 観音橋 观音桥 グゥアンイィンチィアオ

【地図】九龍坡の ［★☆☆］
- [ ] 重慶動物園 重庆动物园 チョンチィンドォンウウユュエン
- [ ] 黄桷坪塗鴉芸術街 黄桷坪涂鸦艺术街 フゥアンジュエピィントゥオヤアイイシュウジエ
- [ ] 九龍坡碼頭 九龙坡码头 ジィウロォンポオマアトォウ
- [ ] 重慶オリンピックスタジアム 重庆奥林匹克体育中心 チョンチィンアオリィンピイカアテノユウチョンシィン
- [ ] 重慶展覧中心 重庆展览中心 チョンチィンヂアンラァンチョンシィン
- [ ] 鴻恩閣 鸿恩阁 ホォンエンガア
- [ ] 徐悲鴻故居 徐悲鸿故居 シュウベイイホォングウジュウ
- [ ] 江北 江北 ジィアンベェイ

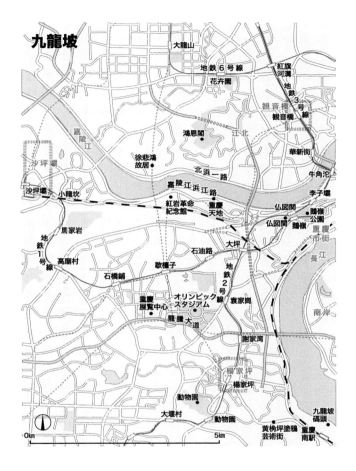

【地図】楊家坪

【地図】楊家坪の [★★☆]
□ 楊家坪 楊家坪 ヤァンジィアピィン

【地図】楊家坪の [★☆☆]
□ 重慶動物園 重庆动物园
　　チョンチィンドォンウウユュエン

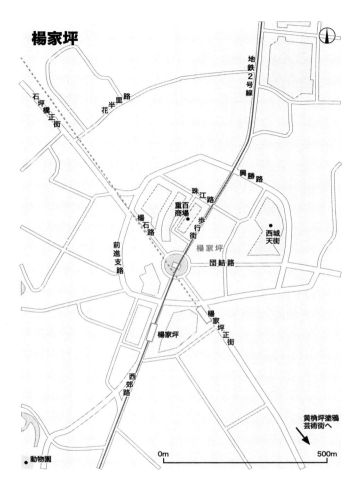

CHINA
重慶

年に開園した。

黄桷坪塗鴉芸術街 黄桷坪涂鸦艺术街 huáng jué píng tú yā yì shù jiē フゥアンジュエピィントゥウヤアイイシュウジエ[★☆☆]
赤や黄、緑などのカラフルな落書きが見られる黄桷坪塗鴉芸術街。この落書きは2006年に四川美術学院の院長の発案ではじまり、800人以上の芸術家、美大生によってビルや建物そのものに絵が描かれていった。楊家坪中心部から南東に向かって走る楊九路にあり、落書きは通り沿いに1.25kmに渡って続く。

▲左　山城重慶名物と言われた棒棒、ここ楊家坪でも出合った。　▲右　楊家坪駅近く、ネオンがまぶしい

九龍坡碼頭 九龙坡码头 jiǔ lóng pō mǎ tóu
ジィウロォンポオマアトォウ［★☆☆］

重慶南駅に隣接し、長江を通じて物資が往来する九龍坡碼頭。長江中下流部と重慶より奥の内陸部を結ぶ港湾で、物資の荷揚げが行なわれている。

重慶オリンピックスタジアム 重庆奥林匹克体育中心 chóng qìng ào lín pǐ kè tǐ yù zhōng xīn チョンチィンアオリィンピイカアティユウチョンシィン［★☆☆］

市街西部の九龍坡区袁家崗に立つ重慶オリンピックスタジアム。遊泳跳水館や体育場、体育広場など、複数のスポーツ施

設が集まり、陸上、サッカー、水泳、テニス、卓球などが行なわれる。2004年に建てられ、その規模は東西1.7km、南北1.3kmになる。

重慶展覧中心 重庆展览中心
chóng qìng zhǎn lǎn zhōng xīn
チョンチィンヂアンラァンチョンシィン [★☆☆]

重慶展覧中心は、重慶で最初に完成した展覧場。4つの展庁からなり、自動車やバイクなどの見本市が行なわれる。重慶オリンピックスタジアムの西、陳家坪に位置する。

Guide, Sha Ping Ba
沙坪壩
城市案内

CHINA
重慶

市街西郊外の沙坪壩や磁器口は
戦時中の陪都（臨時首都）時代に発展した
現在、沙坪壩は重慶を代表する商圏をつくる

沙坪壩 沙坪坝 shā píng bà シャアピィンバア ［★★☆］
重慶新市街のひとつで、郊外の商圏のなかでもっとも早くに開発された沙坪壩。この地は上流から嘉陵江の運んできた沙（砂）が堆積して形成され、清朝の康熙帝(在位1661〜1722年)時代に渡口ができて沙坪場となった（「坪」は平らかや広場、「壩」は河道につくられた傾斜面の堰、ダムを意味する)。重慶市街から西に15km離れた立地から、陪都時代（1937〜46年）、北京や上海から避難してきた文人たちが暮らし、また蒋介石の官邸（林園）もあった。とくに大学や教育機関が沙坪壩に移転してきたことで、文化の中心地となり、成都の華

沙坪壩城市案内

西壩、北碚の夏壩、江津の白沙壩とともに「文化四壩」と呼ばれた。20世紀末、重慶市街の拡大とともに西郊外の沙坪壩が注目され、1990年代初頭に商業歩行街が整備され、街の中心には三峡広場が位置する（重慶大学城と呼ばれる学生の街であることから、他の商圏にくらべて消費能力は高くないという）。

【地図】沙坪壩

【地図】沙坪壩の [★★☆]
□ 沙坪壩 沙坪坝 シャアピィンバア

【地図】沙坪壩の [★☆☆]
□ 沙坪壩三峡広場 沙坪坝三峡广场
　　シャアピィンバアサァンシィアグゥアンチャアン
□ 重慶大学 重庆大学 チョンチィンダアシュエ

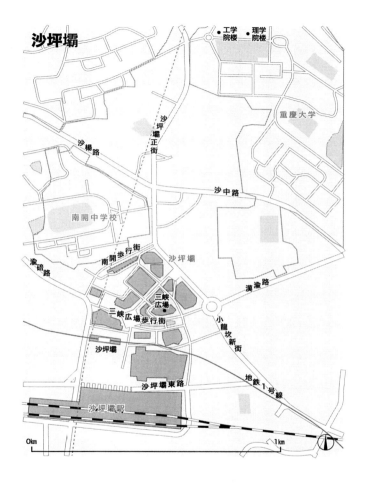

CHINA
重慶

沙坪壩三峡広場 沙坪坝三峡广场
shā píng bà sān xiá guǎng chǎng
シャアピィンバアサァンシィアグゥアンチャアン ［★☆☆］

大型ショッピングモールがならぶ沙坪壩の中心に立つ三峡広場。長江三峡の水の流れがイメージされた「三峡景観園」はじめ、両脇には商業店舗がならぶ「商業歩行街」、この地で暮らした郭沫若や巴金などの彫刻が立つ「名人雕塑園」、温和で1年中きれいな花が咲くこの街の植物が見える「緑色芸術園」などからなる。沙坪壩の中心的存在となっている。

▲左 沙坪壩三峡広場、あたりには学生が多く暮らしている。　▲右　歩行街に設置された彫刻

重慶大学 重庆大学
chóng qìng dà xué チョンチィンダアシュエ [★☆☆]

沙坪壩に位置し、1929年に創立された伝統をもつ名門の重慶大学。陪都（1937〜46年）時代、この重慶大学とともに、沿岸部から疎開してきた中央大学、南開中学校などの18校が集まってこの地で沙磁文化区が形成された。重慶大学のキャンパスにはそり返った屋根をもつ「理学院楼」、1935年に建てられた「工学院楼」などの建物が残っている。現在でも重慶大学を中心に学術、研究、教育機関が集中し、この重慶大学城には重慶で最高レベルの人材、学生が暮らす。

**Guide,
Ci Qi Kou**

磁器口
城市案内

重慶中心部から西に 15 km
明清時代の面影を残す老街が残る
一条石板路、千年磁器口

磁器口古鎮 磁器口古镇
cí qì kǒu gǔ zhèn ツウチイコォウグウチェン [★★★]

石畳の路地の両側に、重慶四川の伝統的民居、そこに入居する店舗がならぶ磁器口古鎮。北宋時代、この地の宝輪寺で大きな石が発見され、「白岩場」や「白崖鎮」と呼ばれていた。また明初に第3代永楽帝に敗れた第2代建文帝（在位1398～1402年）が、磁器口に逃れてきたという伝説から「龍隠鎮」の名前でも知られた。明代以降、嘉陵江のほとりのこの地では磁器製造が主要な産業となり、埠頭を中心に街が形成された。1918年、磁器商や地元の名士らが資金を出しあって、「蜀

【地図】沙磁歌楽山

【地図】沙磁歌楽山の [★★★]
- ☐ 磁器口古鎮 磁器口古镇ツウチイコォウグウチェン

【地図】沙磁歌楽山の [★★☆]
- ☐ 沙坪壩 沙坪坝シャアピィンバア

【地図】沙磁歌楽山の [★☆☆]
- ☐ 重慶大学 重庆大学チョンチィンダアシュエ
- ☐ 中美合作所集中営旧址 中美合作所集中营旧址 チョンメェイハアズゥオシュオジイチョンインジィウチイ
- ☐ 白公館 白公馆バァイゴォングゥエン
- ☐ 渣滓洞 渣滓洞ヂャアズゥドォン
- ☐ 林園 林园リィンユゥエン

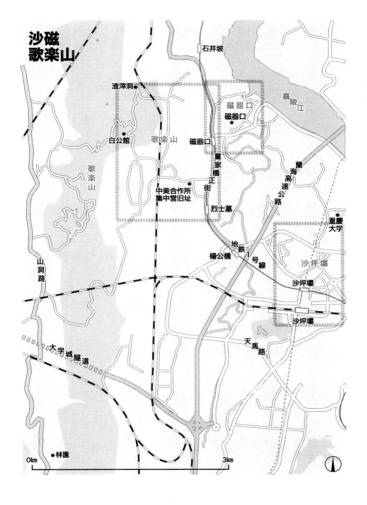

【地図】磁器口

【地図】磁器口の ［★★★］
□ 磁器口古鎮 磁器口古镇ツウチイコォウグウチェン

【地図】磁器口の ［★☆☆］
□ 宝輪寺 宝轮寺バァオルゥンスウ

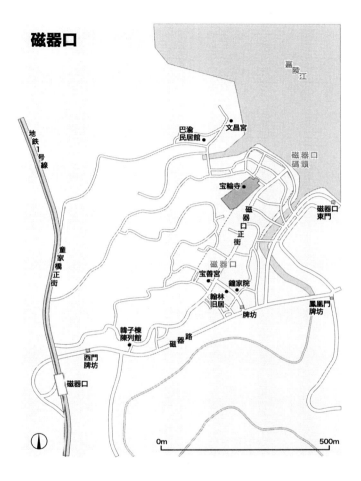

CHINA
重慶

瓷廠（工房）」を街全体に整備すると、最盛期には70軒以上の工房がひしめくようになった。ここで焼かれた磁器は、埠頭に運ばれ、多いときには100艘以上の商船が埠頭に待機していたという。こうしてこの古鎮は瓷器口、磁器口と呼ばれるようになった（「磁器」成立以前の、土器より硬い焼き物が「瓷器」で、より高温で焼き釉薬が磁化して、たたくと金属的な音のするのを「磁器」という）。1940年代までは龍隠鎮と磁器口という名称が併用されていたが、1949年に磁器口が正式名称となった。磁器口では、石と木という北方と南方の双方の要素をとり入れた重慶四川地方の建築が続き、現

▲左　磁器口古鎮の入口に立つ牌坊。　▲右　細い路地が何本も走り、趣ある街並みを見せる

在は観光地化が進んでいる。彭氏の「椒塩花生」、王、張氏の「毛血旺」、高氏の「千張皮」という名物料理も知られる。

磁器口の構成

昔ながらの街並みが残る磁器口は、磁器口正街、それに交差する横街はじめ、12条の通りからなる。地面には青石が敷かれ、通りの両脇にはずらりと商店がならんで、にぎやかな様子は夜まで続く。この磁器口では、小説『紅岩』の華子良のモデルとなった韓子棟（1909〜92年）にまつわる「韓子棟陳列館」、1890年前後に建てられ、清代民居（鐘雲亭）の

CHINA
重慶

姿を今に伝える「鐘家院」、翰林院がおかれていた「翰林旧居」、陶磁器の展示が見られる「宝善宮」、美しい伽藍をもつ仏教寺院の「宝輪寺」、磁器口を代表する道教寺院の「文昌宮」、この地方の石と木を使った建築様式をもつ「巴渝民居館」などが位置する。

宝輪寺 宝轮寺 bǎo lún sì バァオルゥンスウ ［★☆☆］

唐代とも、宋代の創建とも言われる古刹の宝輪寺。丘陵上に立ち、宋代、この伽藍内で大きな石が発見されたことから白岩寺（白崖寺）と呼ばれていた（丘陵は、白岩山とも白崖山

磁器口城市案内

ともいい、磁器口も白崖鎮と命名された)。明初、戦いに敗れた建文帝(在位 1398 ～ 1402 年)が磁器口に落ちのびてきたときにここに滞在したという伝説から「龍隠寺(龍＝皇帝の隠れた寺)」と呼ばれるようになった。釈迦牟尼仏をまつる大雄宝殿(正殿)は明代の 1432 年に建てられ、高さは 15m になる。また、その後殿の薬師殿には薬師仏がまつられている。明末の戦火で破壊をこうむったのち再建され、清代に宝輪寺という名称になった。四隅のそり返った屋根の続く、見事な伽藍を見せる。

CHINA
重慶

磁器口の茶館

磁器口は、嘉陵江岸辺の埠頭からはじまったという。唐宋時代に古碼頭ができ、磁器をはじめとする物資がここから運搬されていった。埠頭には船乗りや商人が集まり、やがて彼らが休憩し、情報交換を行なう茶館がにぎわった。川劇坐唱（打囲鼓）、四川清音、四川竹琴（揚琴）などが奏でられ、人びとは茶館で地方劇や麻雀、将棋などを楽しんだ。磁器口の茶館は明清時代から、船による運送業が衰退する1950年代まで繁盛し、文革で打撃を受け、現在は観光客を相手にするようになった。

▲左　清朝時代の民居の姿をもつ鐘家院。　▲右　宝輪寺は磁器口の歴史とも密接な関係がある

磁器口と『紅岩』

重慶に都がおかれた日中戦争（1937〜45年）時代、重慶のなかでも安全な郊外であった沙坪壩や磁器口に、工場や大学、研究機関、多くの文人が疎開してきた。当時の重慶を描いた小説『紅岩』では、歌楽山の中米合作所から磁器口まで買いものに出る炊事夫の華子良の姿が描かれている（華子良は数十年も監禁され、毎日、石炭を担ぎに行かされる生活を送った）。磁器口には、この華子良のモデルとなった韓子棟についての「韓子棟陳列館」も位置する。

Guide, Ge Le Shan
歌楽山鑑賞案内

重慶市街の西郊外、南北に連なる歌楽山
白公館や渣滓洞といった陪都時代の遺構が残り
中国共産党にとって重要な意味をもつ地

中美合作所集中営旧址 中美合作所集中营旧址
zhōng měi hé zuò suǒ jí zhōng yíng jiù zhǐ
チョンメイハアズゥオシュオジイチョンインジィウチイ［★☆☆］

1937年からはじまった日中戦争、1941年の真珠湾攻撃（太平洋戦争）を受けて、ともに敵対する日本に対し、中国国民党とアメリカは共闘関係となった。そして中美合作所が1943年に設立され、歌楽山麓に両者合作の情報機関（中美合作所）がおかれた（1939年からこの地に国民党の諜報部門の弁事処があった）。近くには白公館や渣滓洞といった政治犯収容所もあり、国民党と立場の異なる共産党員からは「ひ

【地図】歌楽山

【地図】歌楽山の [★★★]
- [ ] 磁器口古鎮 磁器口古镇 ツウチイコォウグウチェン

【地図】歌楽山の [★☆☆]
- [ ] 中美合作所集中営旧址 中美合作所集中营旧址 チョンメェイハアズゥオシュオジイチョンインジィウチイ
- [ ] 歌楽山烈士陵園 歌乐山烈士陵园 ガアラアシャンリィエシイリィンユゥエン
- [ ] 白公館 白公馆 バァイゴォングゥエン
- [ ] 松林坡遺跡群 松林坡遗址群 ソォンリィンポオイイチイチュン
- [ ] 渣滓洞 渣滓洞 ヂャアズゥドォン

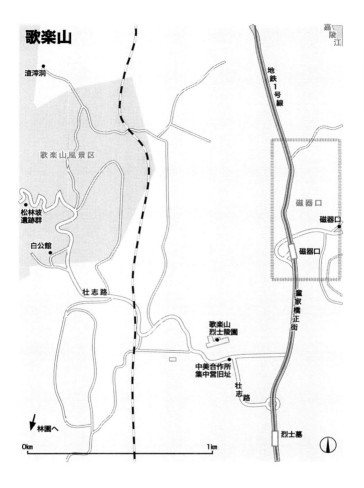

CHINA
重慶

とたび中米合作所に足を踏み入れたら、絶対に外へ出られない」「ひどい拷問を受けた上、ずっと監禁される」と恐れられた。一方で、中国とアメリカの同盟は戦局を有利にすることから、重慶で好意的に受けとめられ、「中美合作」を「中国とアメリカ（美国）」にくわえて「蔣介石（蔣中正）の中と、その妻の宋美齢の美」と重ねて見られた。ここ歌楽山は、古代の大禹王が治水したのち、人びとを招いて宴を開いた場所だという。

▲左　歌楽山風景名勝区、この地に中美合作所がおかれていた。　▲右　20世紀前半に建てられた中国と西欧双方の様式をとり入れた建築

歌楽山烈士陵園 歌乐山烈士陵园
gē lè shān liè shì líng yuán
ガアラアシャンリィエシイリィンユゥエン ［★☆☆］

国共内戦で生命を落とした烈士をまつる歌楽山烈士陵園。国民党が重慶を離れる直前の1949年11月27日、312人の共産党員らが歌楽山山麓で処刑された。1954年、こうした受難者のための烈士墓と烈士紀念碑（赤い花崗岩製、高さ10.5m）が整備され、そばには閲兵場や歌楽山革命紀念館も残る。

白公館 白公馆
bái gōng guǎn バァイゴォングゥエン［★☆☆］

白公館は、北京政府（1913〜28年）の将軍もつとめた四川軍閥白駒の別荘地跡。白駒は自らを唐代の詩人白居易の後裔と称し、白居易の別号からこの別荘を「香山別墅」とした（鉄門のうえに白居易こと「香山」の文言が見える）。また近所の住民や農民は、白公館と親しみを込めて呼んだ。国民政府が重慶に都をおいた陪都時代の1939年、戴笠が白公館を看守所にすることを決め、10あまりの部屋は収容所に変えられ、とくに地下の貯蔵室は陽のあたらない牢獄となった。

Around Chongqing 歌楽山鑑賞案内

1943年に中美合作所が成立すると、白公館は再度、改装され、アメリカ軍の第3招待所となってアメリカ軍人が暮らした。戦後、再び、監獄となり、白公館（大学）には、羅世文、車燿先、黄顕声といったより身分の高い共産党幹部級の政治犯が収容され、渣滓洞（中学）には一般の共産党員が収容されていた。白公館は共産党員からは、「悪魔の巣窟」「白宮」と恐れられていた。

CHINA
重慶

松林坡遺跡群 松林坡遗址群 sōng lín pō yí zhǐ qún
ソォンリィンポオイイチイチュン ［★☆☆］

歌楽山の松の茂る一角を松林坡と呼び、陪都（1937〜46年）時代に国民党の避暑地と疎開地として利用されていた。もともと軍統特務の実力者戴笠（1897〜1946年）が蒋介石のために建てたが、蒋介石はあまり来ず、戴笠自らがここで過ごした。戴笠死後、戴笠祠堂と呼ばれ、西安事件を起こした楊虎城や共産党員の羅世文はこの地で殺害された。「松林坡戴公祠」「松林坡会客室」「楊虎城将軍被害処」「戴笠警衛室」「松林坡大屍坑」などからなる。

▲左　烈士の彫像、多くの生命が犠牲になった。　▲右　政治犯のための収容所として使われていた白公館

渣滓洞 渣滓洞 zhā zǐ dòng ヂァアズウドォン [★☆☆]

陪都（1937〜46年）時代に、国民党が共産党員を逮捕し、閉じ込めていた牢獄跡の渣滓洞。渣滓洞という名前は、もともとここに炭坑があり、石炭のくず（渣滓）が散らばっていたことからつけられた。1943年に国民党とその同盟者アメリカの拘置所（秘密監獄）となり、共産党員、政治犯、その他の人びとが収容された（渣滓洞は小説『紅岩』の江姐のモデルとなった江竹筠はじめとする人たちが収容された第二看守所で、白公館には比較的身分の高い人が収容された）。渣滓洞は三方を山に囲まれ、外院は拷問取調室、内院は16部

CHINA
重慶

屋の男性室、2部屋の女性室からなる。収容された人たちが運動する時間には、囚人服に重い足かせをひきずりながら、行なったという。国民党が台湾に逃がれる直前の1949年11月27日、ここで共産党員ら300人あまりが集団処刑された。1963年、復元されて一般開放された。

林園 林园 lín yuán リィンユゥエン ［★☆☆］

重慶に首都機能があった陪都（1937〜46年）時代に国民党幹部の邸宅があった林園。1938年、重慶の歌楽山双河街を訪れた蔣介石が、この地の美しい風景、清らかな山水、静かな環境、また空爆をまぬがれる戦略上の観点から、官邸を建てることを決めた（重慶東郊外の黄山とともに官邸があった）。1号楼（蔣介石官邸）に蔣介石、2号楼（宋美齢公館）に宋美齢が住み、執務や重要な会議は3号楼（馬歇爾公館）で行なわれた。1931年以降、国民政府主席で実力を行使し続け、林園の名前のゆかりになった林森（1868〜1943

CHINA
重慶

年)は4号楼(林森官邸)に住むなど、国民党の政府高官や軍人が集まっていた。1945年の国民党と共産党による共同宣言「双十協定」のとき、林園で宴が催され、次々と毛沢東に勧められるお酒を、(毛沢東に飲まさないようにするため)周恩来が飲み干していったという。国共内戦に突入した後の1949年、共産党軍が重慶に迫るなか、蒋介石は林園で銃声を聞き、その夜のうちに(敗北を悟って)蒋経国らとともに白市駅飛行場に向かって重慶を離れた。

Guide, Nan An
南岸
城市案内

CHINA
重慶

長らくほとんど何もなかった長江の南岸
この地が発展をはじめるのは重慶開港の1891年から
南浜路美食街や南坪、黄山などが位置する

重慶の開港

1840～42年のアヘン戦争以後、イギリスは中国沿岸部の港を開港させ、やがてその権益を長江上流へ拡大していった。1876年の煙台条約後の1890年に重慶の開港を認めさせ、翌年の1891年、正式に開港場となった（下流の上海、中流の武漢、そして上流の重慶というように、長江流域がイギリスの勢力下となった）。アヘン戦争後から西洋の宣教師や商人はすでに重慶に足跡を残し、条約批准前の1882年にはイギリス領事が着任して、重慶や四川省の物産の調査を進めていたという。武漢、宜昌～重慶間は暗礁の多い三峡を通らなく

てはならず、当初、喫水の深い蒸気船による通行は難しいと考えられていた（宜昌と重慶のあいだは帆船のジャンク船が使われた）。こうしたなかイギリスは40日かけて武漢から重慶までの長江を調査し、蒸気船の運航を認めさせた。

龍門浩老街 龙门浩老街
lóng mén hào lǎo jiē ロォンメンハオラオジエ [★☆☆]
龍門浩は長らく長江の渡し場（南岸五渡のひとつ）だったところで、南岸側の長江ロープウェイもこの地で発着する。明清時代、あたりには村落が分布していたが、清朝乾隆帝時代

CHINA
重慶

に碼頭が形成され、1760年、巴渝十二景に「龍門浩月」が選ばれている。1891年、重慶が開港されると、当時の重慶の不潔さを避けるため、イギリスは南岸のこの地に商館を構えた。続いて、アメリカ、フランス、イタリア、日本も南岸の龍門浩、王家沱(弾子石)に進出したため、碼頭の周囲には洋行(商社)、領事館、お酒を飲むバーなどがならんだ。現在、慈雲寺から米市街、龍門浩にいたる一帯が、重慶の開埠文化を今に伝える龍門浩老街として整備されている。

南浜路美食街 南滨路美食街 nán bīn lù měi shí jiē
ナァンビィンルウメイシイジエ [★★☆]

重慶南岸、長江の川岸にそって走る南浜路。重慶江湖菜はじめ、四川料理、江南料理など中国各地の料理店がならび、重慶を代表する美食街をつくっている。この南岸エリアは19世紀末からイギリスやフランスの領事館が位置する「外灘」にあたった。その後、1998年から開発がはじまり、7kmに渡って続く江岸遊歩道が整備され、2003年には店舗が集まって、「中華美食街」と称されるようになった（南浜路自体は全長18kmになる）。夜には対岸の山城重慶の美しい夜景が見える。

【地図】南岸

【地図】南岸の［★★★］
- □ 重慶抗戦遺跡博物館 重庆抗战遗址博物馆
  チョンチィンカァンヂアンイイチイボオウグゥアン

【地図】南岸の［★★☆］
- □ 南浜路美食街 南滨路美食街ナァンビィンルウメイシイジエ
- □ 江北嘴 江北嘴ジィアンベェイズゥイ
- □ 観音橋 观音桥グゥアンイィンチィアオ
- □ 重慶火鍋一条街 重庆火锅一条街チョンチィンフゥオグゥオイイティアオジィエ

【地図】南岸の［★☆☆］
- □ 龍門浩老街 龙门浩老街ロォンメンハオラオジエ
- □ 重慶喜来登大酒店 重庆喜来登大酒店
  チョンチィンシイラァイダェンダアジィウディエン
- □ 一棵樹観景台 一棵树观景台イイカアシュウグゥアンジィンタァイ
- □ 泉水鶏一条街 泉水鸡一条街チュアンシュイジイイイティアオジエ
- □ 南山植物園 南山植物园ナァンシャンチイウウユュエン
- □ 南坪 南坪ナァンピィン
- □ 弾子石 弹子石ダァンツウシイ
- □ 黄桷湾立体交差橋 黄桷湾立体交叉桥
  フゥアンジュエワンリイティイジィアオチャアチィアオ
- □ 朝天門長江大橋 朝天门长江大桥
  チャオティエンメンチャンジィアンダアチィアオ
- □ 洋人街 洋人街ヤァンレンジエ
- □ 寸灘港 寸滩港ツゥンタァンガァン
- □ 重慶大劇院 重庆大剧院チョンチィンダアジュウユュエン

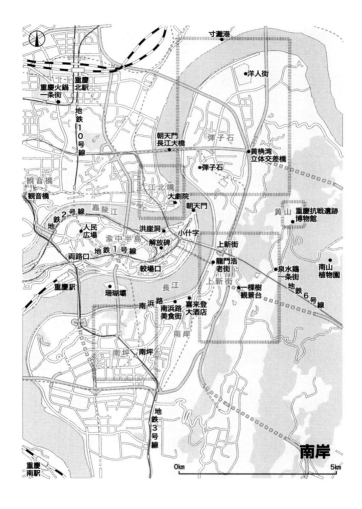

【地図】上新街

【地図】上新街の [★★★]
- [ ] 重慶抗戦遺跡博物館 重庆抗战遗址博物馆
    チョンチィンカァンヂアンイイチイボオウグゥアン

【地図】上新街の [★☆☆]
- [ ] 龍門浩老街 龙门浩老街 ロォンメンハオラオジエ
- [ ] 慈雲寺 慈云寺 ツウユゥンスウ
- [ ] 覚林寺報恩塔 觉林寺报恩塔
    ジュエリィンスウバァオエンタア
- [ ] 一棵樹観景台 一棵树观景台
    イイカアシュウグゥアンジィンタァイ
- [ ] 涂山寺 涂山寺 トゥシャンスウ
- [ ] 老君洞 老君洞 ラァオジュンドォン
- [ ] 泉水鶏一条街 泉水鸡一条街
    チュアンシュイジイイイティアオジエ
- [ ] 黄葛古道 黄葛古道 フゥアンガアグゥダァオ
- [ ] 黄桷埡文峰塔 黄桷垭文峰塔
    フゥアンジュエヤアウェンフェンタア

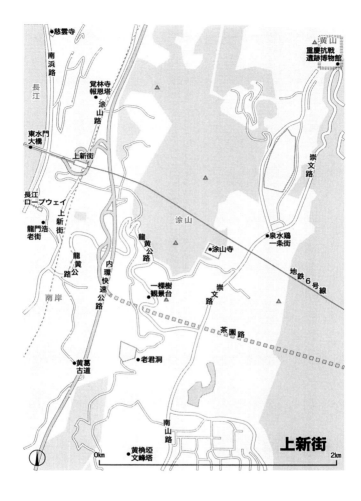

CHINA
重慶

重慶喜来登大酒店 重庆喜来登大酒店
chóng qìng xǐ lái dēng dà jiǔ diàn
チョンチィンシイラァイデェンダアジィウディエン[★☆☆]

長江に面した南浜路に立つ、金色に輝く双塔の重慶喜来登大酒店（Sheraton Chongqing Hotel）。重慶の最高級ホテルで、49階建ての建物は山城に臨むように立ち、上部で結ばれている。内部は中国と西欧の様式が融合し、贅の限りが尽くされ、レストラン、会議室なども備える。2011年に開業した。

▲左　朝天門付近から見た南岸、高層ビルがならんでいる。　▲右　一際目立つど派手な重慶喜来登大酒店

慈雲寺 慈云寺 cí yún sì ツウユゥンスウ［★☆☆］

重慶朝天門の対岸（南岸）に立つ仏教寺院の慈雲寺。唐代に建立された古刹で、清朝乾隆帝時代の1757年に重修された。金色の琉璃瓦でふかれた大雄宝殿には、ミャンマーから迎えられた玉の釈迦牟尼仏が安置されている。玉仏像の高さ1.87m、幅1.34m、重さは1500キロになる。

CHINA
重慶

覚林寺報恩塔 觉林寺报恩塔 jué lín sì bào ēn tǎ
ジュエリィンスウバァオエンタア ［★☆☆］

南宋時代に創建された覚林寺の敷地に位置する覚林寺報恩塔。覚林寺は明末に破壊、その後、1663年に再建されるなど、破壊と再建を繰り返した。現在の覚林寺報恩塔寺は清代の1757年に仏教僧の月江、その弟子の善明が再建したときのもので、寺院は文革のときに破壊されたが、仏塔のみが残った。高さは45mで、下浩塔とも呼ぶ。

一棵樹観景台 一棵树观景台 yī kē shù guān jǐng tái
イイカアシュウグゥアンジィンタァイ［★☆☆］

南岸の南山に立ち、「山城重慶」の美しい夜景が見える一棵樹観景台。高さ28.8m、6層の逆弾丸型の建物は、海抜437.5〜511.1mにあたり、2000人を収容できる。2002年に完成した（坂の街、重慶はその夜景が美しいことでも知られる）。

涂山寺 涂山寺 tú shān sì **トゥシャンスウ**［★☆☆］

涂山寺は南岸涂山に残る重慶最古の寺廟で、漢代には治水の禹王をまつる廟があった（古代に涂山氏族が住んでいて、夏

の禹王が涂山氏の女をめとったという)。その後、真武祖師がまつられたことから真武寺と呼ばれたが、このふたつの寺廟(禹王廟と真武寺)が合体して現在の涂山寺となった。唐の白居易が『涂山寺独游』を詠んでいる。

老君洞 老君洞 lǎo jūn dòng ラァオジュンドォン [★☆☆]
老君洞は隋末唐初に建てられ、当初、広化寺(仏教寺院)といったが、1581年、道観の太極宮となった。四季を通じて18度を維持するという鍾乳洞があり、塗氏の女をめとった禹王の子(啓)が生まれたところだという。かつては重慶旧城から

▲左　重慶でよく食べられている小吃の串串香。　▲右　南岸区の南坪は重慶五大商圏のひとつ

船で長江を渡り、老君洞で線香をあげる人びとの姿があった。

泉水鶏一条街 泉水鸡一条街 quán shuǐ jī yī tiáo jiē
チュアンシュイジイイイティアオジエ [★☆☆]

重慶南岸のこの地方発祥の料理「泉水鶏（よだれ鶏）」をあつかう店がならぶ泉水鶏一条街。20世紀後半に黄桷埡の村の農民が、泉の水で煮込んだ鶏肉料理をつくったことに泉水鶏ははじまる。ゆでた鶏肉に唐辛子や花椒、香辛料で味付けされ、その味と泉水鶏という名前が人気を集めた。多くの人が重慶南岸まで泉水鶏を食べに来るようになり、やがて泉水

鶏の店がならぶようになった(泉水鶏一条街)。泉水鶏(よだれ鶏)は中国全土に広がり、今では重慶江湖菜の代表格として知られている。

黄葛古道 黄葛古道
huáng gé gǔ dào フゥアンガアグウダァオ [★☆☆]
黄葛古道は西南シルクロードのひとつで、宋代の記録にもその名が見える。唐代から宋、明清時代にかけて、重慶と貴州省のあいだを商人が頻繁に往来し、道は貴州省から先の東南アジアへもつながっていた。

黄桷垭文峰塔 黄桷垭文峰塔 huáng jué yā wén fēng tǎ
フゥアンジュエヤアウェンフェンタア［★☆☆］

清代の 1851 年に建てられた黄桷垭文峰塔。六角七層の塔は高さ 24m、一辺 3.28m で、壁面には装飾がない。江北の塔子山文峰塔と（長江の南岸と北岸で）対峙し、重慶に立つ 3 つの塔のひとつとなっている。

南山植物園 南山植物园 nán shān zhí wù yuán
ナァンシャンチイウウユュエン [★☆☆]

重慶の長江対岸エリアは南山風景区が広がっていて、標高681.5 mの春天峰を最高峰に、あたりにはいくつもの峰、山洞、寺廟が残る（黄山も南山風景区のひとつ）。南山植物園は南山風景区の一角にあり、1959年に開館した。丘陵を利用した東西5000m、南北3500mの広大な敷地にバラ園、ラン園、梅園、盆景園、山茶園などが展開する。植物の栽培、収集、研究などを行ない、博物館や図書館も併設されている。

重慶は抗戦中の臨時首都

CHINA
重慶

1937～46年のあいだ陪都がおかれた重慶
四川、雲南、貴州、広西、陝西省などへ
政治や軍事の指令がここから飛んだ

陪都となった重慶

首都に準ずる都（副都など）を陪都と呼び、古く周が鎬京（西安）とは別に東方に陪都洛邑（洛陽）をおいたことにはじまる。1937年に日中戦争が勃発すると、日本軍は開戦5か月で首都南京を陥落させた（このときにいわゆる南京大虐殺が起こった）。一方、蒋介石の国民党は南京から武漢、重慶へと都を遷して徹底抗戦の構えを見せ、重慶を直轄市にして陪都に定めた。沿岸部から遠く、四方を山に囲まれた要害の地でありながら、物資豊富という四川重慶は、一端、都を失った為政者にとって挽回する格好の地であった。「天下三分の

Around Chongqing 重慶は抗戦中の臨時首都

計」を示して劉備玄徳に入蜀をすすめた諸葛孔明、安史の乱のときの唐の玄宗、黄巣の乱のときの唐の僖宗はいずれも蒋介石と同様の理由で四川に遷った。日中戦争以前の重慶の交通は、道路運送と河川船運が中心であったが、遷都後、飛行場が建設され、水・陸・空の交通が整備された。当初、20万足らずだった重慶の人口は、遷都後に長江下流域からの移住で47万人に達し、抗日戦争に勝利した1945年には124万人にまでふくれあがった。このとき、日本軍の空爆を避けることなどの目的から、蒋介石や国民政府の要人は、重慶郊外の黄山（東郊外の山）、歌楽山（西郊外の山）に拠点を構えた。

CHINA
重慶

戦時中の重慶

重慶市内に大小のトーチカが100ほど築かれ、街は臨戦体制に入った。当時の重慶は沿岸部にくらべて産業の遅れた地域で伝統的な農村社会があったが、上海洋炮局、漢陽兵工廠といった軍需産業、工場が大量に遷ったことで重慶の工業化がはじまった（長江下流から移住してきた人は「下江人」と呼ばれた）。これにともなって重慶の物価は右肩あがりで伸び、市街の開発も進んだ。北京や上海から逃れてきた文人、西欧人たちが重慶に疎開し、郭沫若の『棠棣之花』『屈原』、巴金の『寒夜』、老舎の『四世同堂』は重慶で記された。また画

▲左　たび重なる空爆でも心は折れず、解放碑は重慶の精神的支柱。　▲右　この山間の道を進んだところに戦時中の首都官邸があった

家の徐悲鴻、エドガー・スノー、ハン・スーインといった新聞記者、作家、ほかには映画俳優や演劇人、学者などが重慶に遷り、首都となった重慶には国立中央図書館、ラジオ局、各種の研究所、映画館、商務印書館が集まって、文化の中心地となっていた。

CHINA
重慶

共産党が活躍

日中戦争（1937〜45年）時代には、国民党の統治する「国統区」、共産党の「辺区」、日本の占領区「淪陥区」の、3つ巴の争いの様相を呈していた。西安事件で第二次国共合作がなり、国民党の政府機関が集まる重慶に、共産党から派遣されたのがのちに新中国首相となる周恩来だった（重慶には当時の共産党の拠点だった紅岩革命紀念館や周公館などが残る）。1945年8月15日、日本の降伏で戦争が終わると、国民党と共産党のあいだで、今後の国づくりについて話し合われた。これが重慶交渉で、蒋介石側の国民党と毛沢東側の共

重慶は抗戦中の臨時首都 Around Chongqing

産党によって10月10日に双十協定が結ばれた。1946年5月、国民党は都を南京に戻したが、やがて国共は決裂し、再び国共内戦がはじまった。当初、国民党が有利だったが、国民党の内紛と腐敗や共産党軍の士気の高さなどから、形勢は逆転し、三大戦役（淮海戦役、遼瀋戦役、平津戦役）で共産党の勝利が決定した。1949年10月1日に中華人民共和国が建国され、国共内戦に敗れた蒋介石の国民党は台湾へ渡った。重慶の解放は、新中国建国後の11月30日のことだった。

Guide, Huang Shan
黄山鑑賞案内

長江南岸に立つ標高580mの黄山
市街から離れてあたりは森林に囲まれ
その山頂に蒋介石の黄山官邸があった

重慶抗戦遺跡博物館 重庆抗战遗址博物馆
chóng qìng kàng zhàn yí zhǐ bó wù guǎn
チョンチィンカァンヂアンイイチイボオウウグゥアン [★★★]

1937年12月から1946年5月まで重慶にあった国民政府中枢部は、日本軍の爆撃を避けるため比較的安全な郊外の黄山におかれていた。もともとこの地には重慶白礼洋行の商人の黄雲階の別荘があり、黄家花園と呼ばれていた（黄山の名はここに由来する）。蒋介石（1887～1975年）がこの別荘地を購入したことで、黄山は国民党の政府機能をそなえた首都重慶の政治、外交の中心地となった。1920～40年代に建て

CHINA
重慶

られた近代建築が20ほど立ち、蒋介石、妻の宋美齢はじめ、中国を動かした四大財閥の蒋、宋、孔、陳家の人たちが黄山で暮らした。また連合国のアメリカ、イギリス、オランダ、ベルギーなどの大使住居もあり、インドのネルーが中印合作やアジア問題で意見を交わすために訪れたとき、会談の途中で3度、防空壕に入ったという（連合国の人たちが集まる国際的都市だった）。ここ黄山は重慶駐在外交団から、ヒトラーの「狼の巣」とくらべて、「鷲の巣（イーグルネスト）」とも呼ばれた。望江亭からは長江、嘉陵江が見えるほか、防空壕も残っていて、重慶抗戦遺跡博物館として開館している。

▲左　蒋介石の官邸だった雲岫楼。　▲右　ベッドと電話、そして蒋介石と宋美齢の写真が飾られている

雲岫楼 云岫楼 yún xiù lóu ユンシィウロゥウ ［★☆☆］

蒋介石（1887～1975年）官邸がおかれ、黄山官邸とも呼ばれた雲岫楼。蒋介石は孫文のもとで軍人としての頭角を現し、孫文死後、宋家や孔家（財閥）の協力を得て、国民党の指導者となった。頑固さと野心の強さ、軍人としての優秀さ、手段を選ばぬ手法、また黄埔軍官学校校長をつとめた経歴などが蒋介石の特徴としてあげられる。日中戦争さなかの1938年12月9日、蒋介石はここ雲岫楼に入り、将軍や参謀らと軍事会議を開き、中国全土に号令をかけるなど政務をとった。雲岫楼は1920年代に建てられた西欧と中国の様式が融合し

【地図】黄山

【地図】黄山の ［★★★］
- [ ] 重慶抗戦遺跡博物館 重庆抗战遗址博物馆 チョンチィンカァンヂアンイイチイボオウウグゥアン

【地図】黄山の ［★☆☆］
- [ ] 雲岫楼 云岫楼 ユンシィウロォウ
- [ ] 松庁 松厅 ソォンティン
- [ ] 孔園 孔园 コォンユゥエン
- [ ] 蓮青楼 莲青楼 リィエンチィンロォウ
- [ ] 黄山小学 黄山小学 フゥアンシャンシィアオシュエ
- [ ] 雲峰楼 云峰楼 ユゥンフェンロォウ
- [ ] 松籟閣 松籁阁 ソォンラァイガア

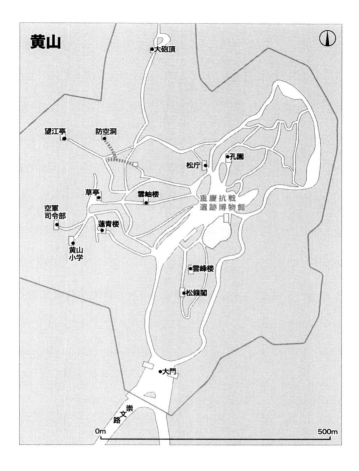

た建築で、蒋介石の居室は3階にあった。重慶市街を一望できる黄山の山頂に立つ。

蒋介石と宋家の三姉妹

1911年の辛亥革命で清朝を打倒した孫文（1866〜1925年）亡き後、そのもとにいた軍人蒋介石が国民党の中心的存在となった。蒋介石は自らが校長をつとめていた黄埔軍官学校出身の精鋭軍人を配下とし、跋扈する軍閥への北伐のさなかで権力を確固たるものとしていった（1924年6月、孫文が開設したこの黄埔軍官学校の政治委員をつとめたのは共産党の

▲左　20世紀初頭の建築がならぶ。　▲右　国民政府のリーダー蒋介石とそのファースレディ宋美齢

周恩来だった）。なかでも浙江財閥の宋家の三女宋美齢との結婚を通じて、その人脈と財力の支えで中国を統治した。宋美齢の弟宋子文が国民政府の財政部長や外交部長をつとめ、1923年には中央銀行頭取に就任、1933年には長女宋靄齢の夫孔祥熙が国民政府の財政部に就任するなど、政治を四大財閥の蒋、宋、孔、陳とそれを結ぶ宋家三姉妹で動かしたことから、宋王朝とも呼ばれた。また宋家の次女で、孫文の妻であった宋慶齢は、重慶では黄山から離れ、両路口に暮らし、のちに新中国国家副主席をつとめた。

CHINA
重慶

松庁 松厅 sōng tīng ソォンティン [★☆☆]

蒋介石妻の宋美齢が暮らしたことから宋美齢別墅とも呼ばれた松庁。1927年に蒋介石と結婚した宋美齢は、明るく、もの応じしない性格で、堪能な英語を話し、蒋介石を助けるファーストレディとして活躍した（蒋介石は宋美齢と結婚してキリスト教の洗礼を受けた）。宋美齢はニューヨーク・タイムズ紙上で発言し、アメリカ議会を説得して資金援助を獲得するなど、重慶の政治、軍事、経済にまでその影響は強かった。この松庁は1920年代に建てられたもの。

孔園 孔园 kǒng yuán コォンユゥエン［★☆☆］
孔祥熙（宋靄齢の夫）の次女で、蒋介石の姪にあたる孔令俊が暮らした孔園（孔氏公館）。黄山別墅群中のなかでもっとも大きく、桂花樹が見えるところから「桂堂」とも呼ばれる。孔子子孫という孔家は国民党四大財閥の一角で、孔祥熙は国民政府実業部長、中国銀行総裁を歴任した。

蓮青楼 莲青楼 lián qīng lóu リィエンチィンロォウ［★☆☆］
国民党と同盟関係にあったアメリカ軍顧問が住んだ蓮青楼。1940年代に建てられ、外観は西欧風建築、内部は中国の伝

CHINA
重慶

統的な建築様式をもつ。蓮青楼という名前は、近くの蓮池からとられた。

第二次世界大戦と援蒋ルート

1941年、太平洋戦争（第二次世界大戦）がはじまると、アメリカとイギリスが対日戦争に参加することになった。重慶では「第二次世界大戦勃発のニュースは大喜びでむかえられた」とハン・スーインは記している。アメリカ軍事代表ブレット、イギリス軍事代表としてインド軍司令長官ウェイベルが重慶に到着し、対日戦争の対策が講じられた。当時のイギリ

▲左　重慶抗戦遺跡博物館の入口。　▲右　孔園、国民政府の要職をつとめた孔祥熙は孔子の 75 世

ス領香港が日本に占領されると、重慶への軍事物資や石油、人員は雲南省、ミャンマー、ヒマラヤを越えて運ばれ、このルートを「援蒋ルート（蒋介石を助けるルート）」と呼んだ。

黄山小学 黄山小学 huáng shān xiǎo xué
フゥアンシャンシィアオシュエ [★☆☆]

戦争で生命を落とした将軍の孤児が通った黄山小学（学校）。1920 年代に建てられ、日中戦争後、キリスト教会となり、1949 年以後は共産党の事務所となった。

雲峰楼 云峰楼 yún fēng lóu ユゥンフェンロォウ［★☆☆］
雲峰楼は蒋介石が宋慶齢のために用意した邸宅。香港に暮らしていた宋慶齢は、太平洋戦争勃発後、重慶に疎開してきたが、やがて国民党中枢から離れて市街部の両路口に遷った。宋慶齢はのちに新中国国家副主席をつとめたことから、「国母楼」ともいう。

松籟閣 松籁阁 sōng lài gé ソォンラァイガア［★☆☆］
国民党軍政部長の何応欽（1889～1987年）邸宅だった松籟閣。何応欽は日本の陸軍士官学校を卒業した蒋介石の腹心で、国

Around Chongqing｜黄山鑑賞案内

民党の要職を歴任した。1920年代に建てられたこの建物は、「何楼」とも呼ばれ、日本風の建築となっている。

重慶から放送された「以徳報怨」

1945年8月14日、日本がポツダム宣言を受け入れたことで、連合国側の中国の勝利も決まり、重慶の夜に歓声があがった。蔣介石は重慶の中央放送局から世界に呼びかけるため、8月15日午前10時、重慶市の中央放送局で全世界に向かって声明を出した。「われわれの抗戦は、きょう、勝利を得た」「敵は日本軍閥であり、日本の人民を敵とはしない」「われわれは、

CHINA
重慶

敵国の無辜の人民に汚辱を加えてはならない」「暴行をもって暴行に報い、侮辱をもって彼らのあやまった優越感にこたえようとするならば、憎しみが憎しみにむくい合うこととなり、争いは永遠にとどまることがないということである」という放送は 11 分間にわたった。この「以徳報怨」の思想は、古くは孔子の論語「憲問篇」にあり、他の連合国と異なる立場の発信として評価されている。

Guide, Nan Ping
南坪
城市案内

珊瑚壩の浮かぶ長江の南岸に位置する南坪
手ぜまになった渝中半島の外側
20世紀末からこの地の開発がはじまった

南坪 南坪 nán píng ナァンピィン ［★☆☆］

重慶市街の拡大とともに新たに台頭したニリアの南坪。南宋のときに集市があったというものの、その後、重慶郊外でほとんど何もなかったこの地の開発は1982年にはじまった(渝中半島から長江を越えて開発が進んだ)。南坪南路の両脇に「万達広場」「協信・時代広場」といった大型ショッピングモールがならび、歩行街は多くの人でにぎわう。重慶の南大門となっていて、「解放碑」「観音橋」「沙坪壩」「楊家坪」とならぶ南坪商圏を構成する。

南坪城市案内

重慶国際会展中心 重庆国际会展中心
chóng qìng guó jì huì zhǎn zhōng xīn
チョンチィングゥオジイフゥイヂアンチョンシィン[★☆☆]

重慶での見本市や国際会議などが行なわれる重慶国際会展中心。展示場（展覧中心）と会議場（会議中心）からなり、ホテルやレストランも併設する。

【地図】南坪

【地図】南坪の [★★☆]
- [ ] 南浜路美食街 南滨路美食街
  ナァンビィンルウメイシイジエ

【地図】南坪の [★☆☆]
- [ ] 南坪 南坪 ナァンピィン
- [ ] 重慶国際会展中心 重庆国际会展中心
  チョンチィングゥオジイフゥイヂアンチョンシィン
- [ ] 重慶遊楽園 重庆游乐园
  チョンチィンヨォウラアユユエン

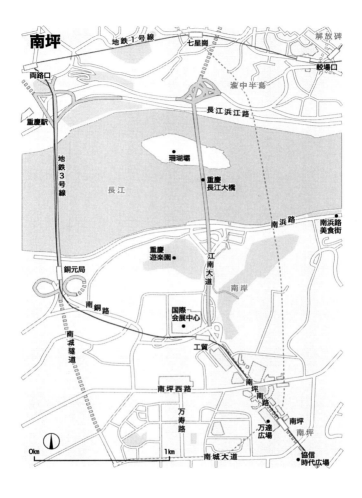

重慶遊楽園 重庆游乐园 chóng qìng yóu lè yuán
チョンチィンヨォウラアユゥエン ［★☆☆］

南岸区に位置する遊園地の重慶遊楽園。1991年に開園し、頂部の高さ50mになる観覧車はじめ、各種アトラクションが用意されている。また火鍋、海鮮などの料理も楽しめる。

Guide, Dan Zi Shi
弾子石城市案内

長江の南岸のなかでも
朝天門と江北嘴に近い弾子石
朝天門長江大橋で対岸と結ばれている

弾子石 弾子石 dàn zǐ shí ダァンツウシイ [★☆☆]
朝天門から見て長江の対岸（東側）に位置する弾子石。宋代から明代まで荒れた土地が広がるばかりだったが、清代に碼頭がつくられ、長江渡河地点のひとつになった。先に発展した南坪にくらべて21世紀に入ってから開発が進み、弾子石（南岸区）CBDを形成している。行政単位の異なる解放碑（渝中区）、江北嘴（江北区）と隣りあわせ、3つの中央商務区が近い距離で集まる立地が注目されている。

【地図】弾子石

【地図】弾子石の [★★★]
- [ ] 重慶抗戦遺跡博物館 重庆抗战遗址博物馆 チョンチィンカァンヂアンイイチイボオウグゥアン

【地図】弾子石の [★★☆]
- [ ] 江北嘴 江北嘴 ジィアンベェイズゥイ

【地図】弾子石の [★☆☆]
- [ ] 弾子石 弾子石 ダァンツウシイ
- [ ] フランス水師兵営 法国水师兵营 ファアグゥオシュイシイビィンイン
- [ ] 弾子石摩崖造像 弾子石摩崖造像 ダァンツウシイモオヤアザオシィアン
- [ ] 黄桷湾立体交差橋 黄桷湾立体交叉桥 フゥアンジュエワァンリイティイジィアオチャアチィアオ
- [ ] 朝天門長江大橋 朝天门长江大桥 チャオティエンメンチャンジィアンダアチィアオ
- [ ] 洋人街 洋人街 ヤァンレンジエ
- [ ] 寸灘港 寸滩港 ツゥンタァンガァン
- [ ] 重慶大劇院 重庆大剧院 チョンチィンダアジュウユゥエン
- [ ] 塔子山文峰塔 塔子山文峰塔 タアツウシャンウェンフェンタア
- [ ] 龍門浩老街 龙门浩老街 ロォンメンハオラオジエ
- [ ] 慈雲寺 慈云寺 ツウユゥンスウ
- [ ] 覚林寺報恩塔 觉林寺报恩塔 ジュエリィンスウバァオエンタア
- [ ] 泉水鶏一条街 泉水鸡一条街 チュアンシュイジイイイティアオジエ

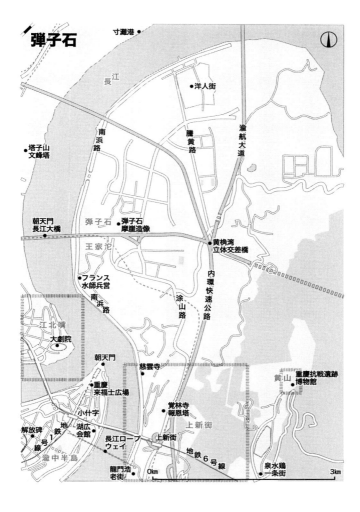

フランス水師兵営 法国水师兵营 fǎ guó shuǐ shī bīng yíng
ファアグゥオシュイシイビィンイン ［★☆☆］

1891年の重慶開港にあわせて海関も業務を開始し、先に進出したイギリスについで、1896年、フランスも領事館を開設した。フランス水師兵営（大法国水師軍）は重慶港への安全な航行を守るため、1903年に海関そばのこの地に建てられた。石づくりの2階建て欧風建築で、周囲にベランダをめぐらせている。近くにはキリスト教の布教と医療が一体となった西欧人による仁済病院も位置した。

王家沱(弾子石)にあった日本租界

1891年に重慶が開港すると、外国人の居留地は長江南岸の王家沱(龍門浩)に構えられた。清朝からすれば、異邦人と中国人を接触しないようにするため、また外国人からは崖下の水は深く、流れがゆるやかな港湾機能が注目されたことによる(実際は橋もなく、不便だったので、重慶旧城通遠門近くの打槍壩が領事館区となった)。また1901年、南岸の王家沱に日本租界が開かれ、マッチ工場が位置したほか、大阪輪船公司、日清汽船会社などが進出し、1919年には500種類以上の日本の商品が重慶市場へ流れていたという。外国の軍

CHINA
重慶

艦や商船は、国旗を掲げて王家沱に停泊したが、不買運動や抵抗もあって、1937年、日本租界は中国に返還された。

弾子石摩崖造像 弾子石摩崖造像 dàn zǐ shí mó yá zào xiàng ダァンツウシイモオヤアザオシィアン ［★☆☆］

弾子石摩崖造像は、元末明初の混乱のなかで重慶に都をおいた明玉珍（1331～66年）ゆかりの仏像。当時、このあたりの長江岸辺には人頭山という妖怪がいて流れをあやつり、しばしば船を沈没させていた。そのため明玉珍が、長江の南岸に石刻像をつくらせたのをはじまりとする。その後の1421

▲左　まるでジオラマのように立体的に道路が走る重慶。　▲右　重慶の仏教寺院は市街部の羅漢寺のほか南岸に多く残る

年、五尊仏が造営されて守り神とした。高さ7.5mで、臨江大仏とも呼ばれる。

黄桷湾立体交差橋 黄桷湾立体交叉桥 **huáng jué wān lì tǐ jiāo chā qiáo フゥアンジュエワンリイティイジィアオチャアチィアオ** [★☆☆]

山城重慶ではいたるところで道路が立体的に交差する姿が見られ、なかでももっとも複雑な立体交差橋と言われる黄桷湾立体交差橋。8方向に伸びる15本の道路を立体的に交差させる5層の構造をもち、2009年から8年かけて2017年に完成した。

CHINA
重慶

朝天門長江大橋 朝天门长江大桥 cháo tiān mén cháng jiāng dà qiáo チャオティエンメンチャンジィアンダアチィアオ ［★☆☆］

朝天門の先、重慶の下流部で長江をまたぐ全長1741mの朝天門長江大橋。アーチは552mになり、江北と南岸、西の五里店立交と東の黄桷湾立交を結ぶ。

洋人街 洋人街 yáng rén jiē ヤァンレンジエ ［★☆☆］

重慶南岸区の南浜路の東先端近くに位置するテーマパークの洋人街。西欧（洋人）を主題に娯楽、遊楽施設が集まり、巨大なトイレがあることでも知られる。

弾子石城市案内

寸灘港 寸滩港 cùn tān gǎng ツゥンタァンガァン ［★☆☆］
重慶から長江をくだったところに位置する寸灘港。三峡ダムの完成で1万トン級の船も重慶まで遡航できるようになり、それに応じるかたちで2006年に開港した（朝天門港、九龍坡港よりも下流にあり、両江新区への玄関口となる）。西部と上海、武漢などの長江下流部を結ぶ貿易物流の拠点で、港口作業区、輸出加工区、在庫物流区、金融・貿易業務管理区からなる。あたりは重慶両路寸灘保税港区が整備されている。

Guide, Jiang Bei Zui
江北嘴
城市案内

重慶旧城と対応するようにおかれていた江北城
重慶市街に隣接しながら開発の余地があったこの地は
「重慶の金融区」江北嘴として変貌をとげた

江北嘴 江北嘴 jiāng běi zuǐ ジィアンベェイズゥイ [★★☆]
嘉陵江と、朝天門を過ぎた長江がつくる嘴（三角形）のような先端部分には2000年以上の伝統をもつ江北城があった。戦国（紀元前453～前221年）末年、巴郡首府および江州県府がこの地にあり、秦漢時代は江北城と重慶旧城が嘉陵江をはさんで双子のように位置した。やがて宋代に重慶府がおかれると、渝中半島の重慶旧城が栄えるようになった（重慶旧城の南側にあたる下半城が中心となり、江北はちょうど山陰部分になった）。その後、清代の白蓮教徒の乱時の1798年、江北城（土城）の周囲に4つの門があったという。1835年

CHINA
重慶

には8つの門、22条の通りからなる街〔城市〕となり、嘉陵江北岸の鎮や集落を管轄していた。1997年に重慶が直轄市に昇格すると、嘉陵江北岸の広大な地が注目され、両江新区がおかれて開発がはじまった。なかでも重慶市街に隣接する江北城の場所は、江北嘴と呼ばれて江北嘴CBD（中央商務区）となり、高層ビルが摩天楼を見せている。戦国時代以来の伝統をもつ「江北城（記憶の城）」は、金融センターの「江北嘴（未来の城）」へと変貌をとげた。

江北嘴城市案内

江北嘴 CBD 江北嘴中央商务区
jiāng běi zuǐ zhōng yāng shāng wù qū
ジィアンベェイズゥイチョンヤァンシャンウウチュウ［★☆☆］

2000年前からあった江北城の地（江北嘴CBD）は、重慶が直轄市となって以後の2002年に開発が決まり、2005年ごろから10年ほどで高層ビルが林立する摩天楼へと発展した。とくに重慶の金融センターとしての役割が期待され、長江下流の上海陸家嘴（浦東）に対応する両江新区金融城、江北嘴金融街としての整備が進んだ。中国工商人銀行、中国農業銀行、中国銀行、中国建設銀行といった金融機関が江北嘴

【地図】江北嘴

【地図】江北嘴の［★★☆］
- [ ] 江北嘴 江北嘴ジィアンベェイズゥイ

【地図】江北嘴の［★☆☆］
- [ ] 江北嘴CBD 江北嘴中央商务区
  ジィアンベェイズゥイチョンヤァンシャンウゥチュウ
- [ ] 重慶大劇院 重庆大剧院チョンチィンダアジュウユゥエン
- [ ] 重慶科技館 重庆科技馆チョンチィンカアジイグゥアン
- [ ] 明玉珍皇帝陵陳列館 明玉珍皇帝陵陈列馆
  ミィンユウチェンフゥアンディイリィンチェンリエグゥアン
- [ ] 重慶国際金融中心 重庆国际金融中心
  チョンチィングゥオジイジィンロォンチョンシン
- [ ] 弾子石 弹子石ダァンツウシイ
- [ ] フランス水師兵営 法国水师兵营
  ファアグゥオシュイシイビィンイン
- [ ] 弾子石摩崖造像 弹子石摩崖造像
  ダァンツウシイモオヤアザオシィアン
- [ ] 朝天門長江大橋 朝天门长江大桥
  チャオティエンメンチャンジィアンダアチィアオ

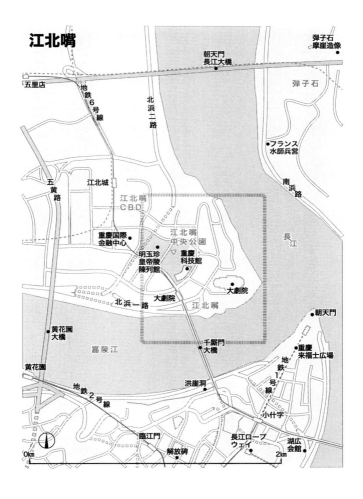

【地図】江北嘴中央公園

【地図】江北嘴中央公園の ［★★☆］
- [ ] 江北嘴 江北嘴ジィアンベェイズゥイ

【地図】江北嘴中央公園の ［★☆☆］
- [ ] 江北嘴CBD 江北嘴中央商务区
   ジィアンベェイズゥイチョンヤァンシャンウウチュウ
- [ ] 重慶大劇院 重庆大剧院チョンチィンダアジュウユゥエン
- [ ] 重慶科技館 重庆科技馆チョンチィンカアジイグゥアン
- [ ] 天主教德肋撒堂 天主教德肋撒堂
   ティエンチュウジィアオダアラアサアタァン
- [ ] キリスト教福音堂 基督教福音堂
   ジイドゥジィアオフウイィンタァン
- [ ] 明玉珍皇帝陵陳列館 明玉珍皇帝陵陈列馆
   ミィンユウチェンフゥアンディイリィンチェンリエグゥアン

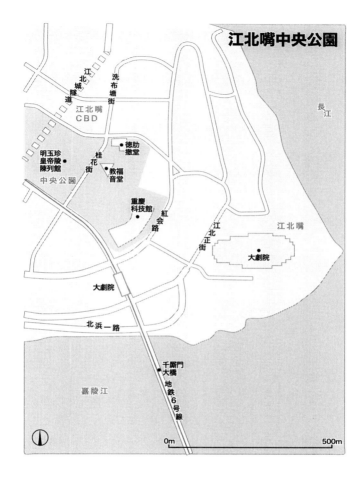

CHINA
重慶

CBD（中央商務区）に進出し、「重慶の龍頭」と戦略的に位置づけられている。

重慶大劇院 重庆大剧院 chóng qìng dà jù yuàn
チョンチィンダアジュウユゥエン ［★☆☆］

朝天門の対岸、江北嘴の先端に立つ重慶大劇院。外観は「ガラスの時空船」がイメージされ、太陽の光がさすと神秘的に輝く。高さ64m、7層からからなる建物内部には、1830席を擁する大劇場があり、歌劇、コンサートなどが催される。江北開発の象徴的存在で、2009年に竣工した。

▲左　嘉陵江をはさんで洪崖洞から見た江北嘴CBD。　▲右　夜まばゆい光を放つ重慶大劇院

重慶科技館 重庆科技馆 chóng qìng kē jì guǎn
チョンチィンカアジイグゥアン［★☆☆］

重慶大劇院の近くに立つ重慶科技館(科学技術館)。日常の衣・食・住をテーマにした「生活科技展庁」、3〜10歳の児童向けの「児童楽園展」、標識や信号などを展示した「交通科技展庁」、宇宙に関する「宇航科技展庁」などの展示が見られるほか、最新の映像技術も体感できる。外壁は山（山城）をイメージした硬い石材、水（両江）をイメージしたガラスからなる。2009年に開館した。

CHINA
重慶

天主教徳肋撒堂 天主教德肋撒堂 tiān zhǔ jiào dé lē sā táng ティエンチュウジィアオダアラアサアタァン ［★☆☆］
1855年にフランス人神父が江北城米亭子13号の民居を買って教堂（博済堂）としたことにはじまるローマ・カトリックの天主教徳肋撒堂。1876年にキリスト教排斥運動の江北教案が発生すると焼き討ちにあい、1881年に修建され、フランスのキリスト教布教の拠点となった。現在の建物は1928年に建てられたもので、江北嘴の再開発にともなって2005年にここ中央公園内に移転された。古典的なロマネスク様式で設計され、東西36.6m、南北15.04mの規模、鐘楼の高さ

は 27 mになる。「德肋撒堂」の文字とともに、そのうえに教会の名前にもなったリジューのテレーズの像はじめ 3 体の彫刻が見える（リジューのテレーズはカルメル会のフランス修道女）。

キリスト教福音堂 基督教福音堂 jī dū jiào fú yīn táng
ジイドゥジィアオフウイィンタァン [★☆☆]

清朝末期の 1898 年、寛仁医院（現重慶医科大学附属第二医院）院長をつとめたアメリカ人マッカートニーによって建てられたキリスト教福音堂（1876 年に起こった江北教案の賠償金

で福音堂と江北医館が建てられた)。こちらはプロテスタント系メソジスト派の教会で、江北城正街164号にあったが、2005年、天主教徳肋撒堂とともに中央公園内に移転された。美しく伸びあがり、頂きに十字架を載せ、教堂は西欧の城のようなたたずまいをしている。

明玉珍皇帝陵陳列館 明玉珍皇帝陵陈列馆
míng yù zhēn huáng dì líng chén liè guǎn ミィンユウチェンフゥアンディイリィンチェンリエグゥアン [★☆☆]

元末に各地に起こった反乱のなかで、重慶で独立国「夏 (1362

▲左 「江北城(記憶の城)」は「江北嘴 CBD (未来の城)」として生まれ変わった。　▲右　中原から離れたこの地で皇帝として即位した明玉珍

〜1371年)」を樹立した明玉珍（1331〜66年）墓陵「睿陵」の明玉珍皇帝陵陳列館。夏の皇宮は重慶下半城の県衙門あたりにあったが、明玉珍の死後、明にくだり、明玉珍の睿陵はどこにあるかわからなくなっていた。その後、600年のときをへて、1982年、重慶江北洗布塘街の工場現場で睿陵が発見され、絵画、金銀器、絹織物などが出土した。東西5.4m、南北3.5mの竪穴式坑墓で、ここから出土した元末農民戦争の格好の資料となる「玄宮の碑」が名高い。1986年、大夏国皇帝明玉珍皇帝陵陳列館となった。

重慶

明玉珍と重慶を都とした大夏

明玉珍は22歳のとき、白蓮教の反乱に参加し、1353年に徐寿輝のもとにいた(同じ白蓮教の乱でも、のちに明を樹立する朱元璋は安徽省の東系紅巾軍で、明玉珍の西系紅巾軍とは対立した。朱元璋のほかにも浙江の海賊方国珍、江南の塩商人張士誠などが元に反乱した)。明玉珍は勇猛な武将として知られ、1357年、西に兵を進めて巫峡を越えて入蜀し、重慶を拠点とした。徐寿輝が陳友諒に殺害されると、1362年に隴蜀王と称して重慶で独立し、翌年、重慶を都とする大夏国を樹立、皇帝になった。明玉珍は弥勒がくだり、明王(マ

ニ教）が救済してくれるといった白蓮教を信仰し、周制にならった政治体制、酒を飲まない菜食主義をとったが、在位5年で病没し、息子の明昇が1371年に明軍にくだった。

重慶国際金融中心 重庆国际金融中心 chóng qìng guó jì jīn róng zhōng xīn チョンチィングゥオジイジィンロゥンチョンシン[★☆☆]
江北嘴の描く摩天楼の中心に立つ高さ470mの重慶国際金融中心。西部開発の金融機能を果たすことが期待される江北嘴CBDにあって、オフィス（金融センター）、商業モール、高級ホテル、マンションなどが入居する複合施設となっている。

Guide,
Guan Yin Qiao
観音橋
城市案内

嘉陵江の北岸に位置する江北の観音橋
ほとんど何もなかったところから
今では重慶最大規模の商圏へと成長をとげた

江北 江北 jiāng běi ジィアンベェイ ［★☆☆］

重慶郊外の開発は、20世紀初頭からはじまり、市街西部と南岸がまず市街地化し、長らく嘉陵江北岸の江北ではのどかな景色が広がっていた（重慶火鍋の発祥は、江北の嘉陵江沿いであるともいう）。1997年に重慶が直轄市に昇格すると、この江北の広大な地が注目され、開発がはじまった。金融センターとなる「江北嘴」、新たな巨大商圏「観音橋」、重慶と各地を結ぶ高速鉄道の走る「重慶北駅」、また「重慶江北国際空港」も位置する。この江北で2010年に整備された両江新区は、西部大開発の中心的存在をになう存在となっている。

【地図】重慶市街と観音橋

【地図】重慶市街と観音橋の [★★☆]
- [ ] 観音橋 观音桥 グゥアンイィンチィアオ
- [ ] 江北嘴 江北嘴 ジィアンベェイズゥイ
- [ ] 南浜路美食街 南滨路美食街 ナァンビィンルウメイシイジエ

【地図】重慶市街と観音橋の [★☆☆]
- [ ] 江北 江北 ジィアンベェイ
- [ ] 南坪 南坪 ナァンピィン
- [ ] 重慶国際会展中心 重庆国际会展中心 チョンチィングゥオジイフゥイヂアンチョンシィン
- [ ] 重慶遊楽園 重庆游乐园 チョンチィンヨォウラアユュエン

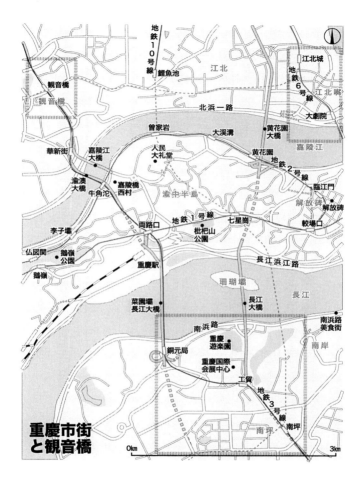

Around Chongqing　観音橋城市案内

【地図】観音橋

【地図】観音橋の ［★★☆］
- [ ] 観音橋 观音桥 グゥアンイィンチィアオ

【地図】観音橋の ［★☆☆］
- [ ] 観音橋歩行街 观音桥步行街
  グゥアンイィンチィアオブウシィンジエ
- [ ] 北城天街 北城天街 ベェイチャンティエンジエ

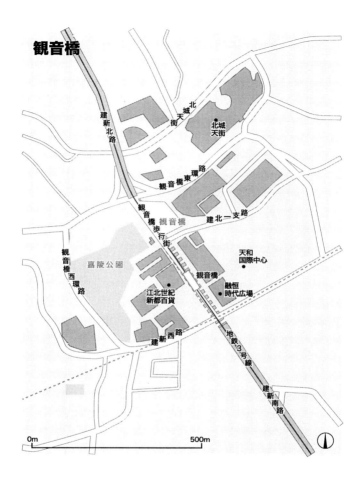

CHINA
重慶

観音橋 观音桥
guān yīn qiáo グゥアンイィンチィアオ ［★★☆］

2000年以後に街が形成され、内陸重慶の発展を象徴する街の観音橋。「沙坪壩」「楊家坪」「南坪」といった郊外に現れた重慶新市街のなかで最大規模の商圏を構成し、「西部第一街」とも称される。2005年に進出した北城天街はじめ、江北世紀新都百貨、茂業百貨、新世紀百貨、家楽福、遠東百貨などの大型商業店舗がずらりとならび、融恒時代広場、天和国際中心といった建物が摩天楼を描く。両江新区の商業中心地であり、食品、服飾、家電、日用品を求める人たちが訪れ

▲左　重慶最大規模の商圏へと成長した観音橋。　▲右　大型ショッピングモール、高級ブランドも集まる

る重慶の北大門となっている（また観音橋北の嘉州路も開発が進んでいる）。

観音橋のかんたんな歩み

観音橋という名前は、清朝康煕帝（在位1661～1722年）の時代にこのあたりにあった観音廟に由来する。この観音廟のそばには石橋（観音橋）がかかっていて、あたりは古くから農村地帯であった。陪都（1937～46年）時代、市場が形成され、1980年代に農貿市場が見られたものの、大きな建物や商店はなかった。2003年、荒涼とした辺境の地であった

CHINA
重慶

観音橋の都市開発がはじまり、2005年に北城天街がつくられたことで、急速に街が発展した。観音橋ほどの短期間で都市化が進んだ場所は、世界的にめずらしいと言われる。

観音橋歩行街 观音桥步行街 **guān yīn qiáo bù xíng jiē**
グゥアンイィンチィアオブウシィンジエ [★☆☆]
観音橋商圏の中心にあたる観音橋歩行街。歩行者天国となっていて、通りの両脇に江北世紀新都百貨、天和国際中心、融恒時代広場などが立つ。

観音橋城市案内 Around Chongqing

北城天街 北城天街
běi chéng tiān jiē ベェイチャンティエンジエ ［★☆☆］

観音橋商圏の旗艦と言われ、この北城天街とともに観音橋は発展した。中華美食街と言われるレストラン街、各種ブランドがならぶショッピングモールが一体化し、高い購買力（消費力）をもつ人たちが集まる。北城天街を運営する龍虎集団はここ重慶で創建され、中国各地へと進出した。

Guide, Jiang Bei
江北城市案内

Around Chongqing

江北城市案内

かつて嘉陵江を渡るには船やロープウェイが使われた
現在では複数の橋がかけられ
軌道交通が重慶市街とのあいだを結んでいる

重慶火鍋一条街 重庆火锅一条街
chóng qìng huǒ guō yī tiáo jiē
チョンチィンフゥオグゥオイイティアオジィエ [★★☆]

龍頭寺は、南岸の南山とならんで重慶火鍋店の集まるエリア。重慶火鍋は牛の内臓や野菜を、山椒と唐辛子の効いた真っ赤な塩味スープで煮る重慶の名物料理で、発祥地は朝天門とも、江北の嘉陵江沿いとも言われる。この地の開発とともに東湖南路が重慶火鍋一条街として整備され、夕方になると数十件の火鍋店の灯がともり、にぎわいを見せる（南山にくらべて庶民的だとされる）。

【地図】江北

【地図】江北の ［★★★］
- 磁器口古鎮 磁器口古镇ツウチイコォウグウチェン

【地図】江北の ［★★☆］
- 重慶火鍋一条街 重庆火锅一条街
 チョンチィンフウオグゥオイイティアオジィエ
- 江北嘴 江北嘴ジィアンベェイズゥイ
- 観音橋 观音桥グゥアンイィンチィアオ
- 沙坪壩 沙坪坝シャアピィンバア

【地図】江北の ［★☆☆］
- 江北 江北ジィアンベェイ
- 塔子山文峰塔 塔子山文峰塔タアツウシャンウェンフェンタア
- 美全22世紀 美全22世纪メェイチュエンアアシイアアシイジィ
- 江北盤溪無銘闕 江北盘溪无铭阙
 ジィアンベェイパァンシイウウミィンチュエ
- 江北盤溪農貿批発市場 江北盘溪农贸批发市场
 ジィアンベェイパァンシイノォンマァオピィファシイチャアン
- 鴻恩閣 鸿恩阁ホォンエンガア
- 緑川英子劉仁旧居 绿川英子刘仁旧居
 リュウチュゥアンインズゥリュウレンジィウジュゥ
- 徐悲鴻故居 徐悲鸿故居シュウベェイホォングウジュゥ
- 両江新区 两江新区リィアンジィアンシィンチュウ
- 朝天門長江大橋 朝天门长江大桥
 チャオティエンメンチャンジィアンダアチィアオ

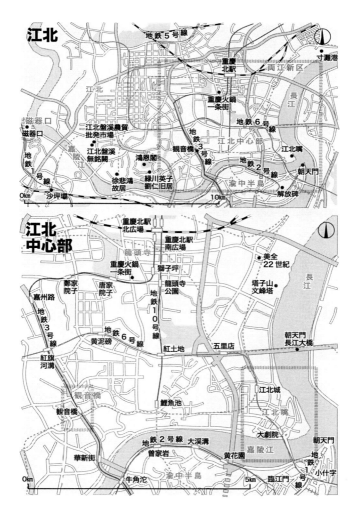

重慶

塔子山文峰塔 塔子山文峰塔 **tǎ zi shān wén fēng tǎ**
タアツウシャンウェンフェンタア ［★☆☆］

長江ほとりに立ち、南山の文峰塔と一対となる塔子山文峰塔。清代の1888年に建てられ、長江を往来する船に対して、灯台の役割を果たした。六角七層で、高さは26.64mになる。

美全22世紀 美全22世紀 **měi quán èr shí èr shì jì**
メェイチュエンアアシイアアシイジイ ［★☆☆］

オフィスが入居する複合商業施設の美全22世紀。重慶江北の長江近くに位置し、流線型の外観をもつ。

江北盤溪無銘闕 江北盘溪无铭阙
jiāng běi pán xī wú míng quē
ジィアンベェイパァンシイウウミィンチュエ ［★☆☆］

重慶最古の石刻芸術にあげられる、後漢時代の江北盤溪無銘闕。高さ 4.15m の石闕で、闕とは石づくりの門柱を意味し、当時の人々の様子や生活ぶりを記す貴重な資料となっている（闕は宮殿や墓陵などの入口におかれた左右一対の石柱で、漢代から六朝時代に建てられた）。香炉湾にあることから香炉闕ともいう。

CHINA
重慶

江北盤溪農貿批発市場 江北盘溪农贸批发市场
jiāng běi pán xī nóng mào pī fā shì chǎng ジィアンベェイパァンシイノォンマァオピイファシイチァアン [★☆☆]

重慶市街と農村部との結節点、江北盤溪にある卸売市場の江北盤溪農貿批発市場。郊外の農村から運ばれてくる野菜や果物がずらりとならび、重慶市街から買いつけに訪れる人の姿がある。

▲左　重慶の路上で生まれた名物の江湖菜。　▲右　漢代のものだという江北盤渓無銘闕（写真はレプリカ）

鴻恩閣 鸿恩阁 hóng ēn gé ホォンエンガア ［★☆☆］

江北の開発にあわせて、新たに建てられた鴻恩閣。赤の柱、緑の屋根瓦をもち、屋根の両端がそりかえる堂々とした楼閣で、海抜468mに立つ。あたりは鴻恩寺森林公園となっている。

CHINA
重慶

緑川英子劉仁旧居 绿川英子刘仁旧居
lǜ chuān yīng zi liú rén jiù jū
リュウチュゥアンインズウリュウレンジィウジュウ［★☆☆］

緑川英子（1912〜47年）はエスペランチスト、反戦活動家で、本名を長谷川テルといった（ベルダ・マーヨとも名乗った）。同じエスペランチストの中国人劉仁と結婚し、横浜から中国にわたり、日本人や政府に戦争反対を訴える放送を武漢と重慶で行なった。長谷川テルは1938〜1945年の7年間、重慶で暮らし、ここ緑川英子劉仁旧居で雑誌《反攻》の編集を行なった。

徐悲鴻故居 徐悲鸿故居
xú bēi hóng gù jū シュウベェイホォングウジュウ［★☆☆］

近代中国を代表する画家の徐悲鴻（1894 〜 1953 年）の故居。徐悲鴻は江蘇省で生まれ、日本やフランスに留学、1927 年に帰国してから南京で絵画を教えていた。日中戦争の勃発、中央大学の重慶疎開にあわせて、この地で 1942 〜 46 年のあいだ暮らした（中国美術学院が嘉陵江北側の磐溪で開校していた）。解放後は北京の中央美術学院の院長となり、油絵や、馬の絵が知られる。徐悲鴻故居は二層からなるこぢんまりとした建物で、石家花園ともいう。

重慶

両江新区 两江新区 liǎng jiāng xīn qū
リィアンジィアンシィンチュウ［★☆☆］

2010年におかれた重慶の開発区（国家級新区）の両江新区。長江の北、嘉陵江の東にあることから両江新区（ふたつの江）と名づけられ、内陸開発の拠点となっている。金融センターの「江北嘴」、商業店舗が集まる「観音橋」、高鉄の「重慶北駅」、各都市と結ばれた「江北国際空港」、長江の港「寸灘港」と「果園港」、また「両路寸灘保税港区」を擁する。都市と農村を結ぶ存在であり、重慶市街に隣接する江北嘴や観音橋から、重慶北東郊外に大きく広がる。

Guide,
Chong Qing Jiao Qu
重慶郊外
城市案内

CHINA
重慶

広がる重慶市域、古くから知られた南北の温泉
新たに整備された大型施設や
昔ながらの寺院、古鎮も見られる

鮮龍井 鲜龙井
xiān lóng jǐng シィエンロォンジィン ［★☆☆］

重慶名物の火鍋は、一般的に知られる「(朝天門界隈で生まれた) 碼頭火鍋」に対して、もうひとつの潮流の「陸派火鍋」が食べられている。この「陸派火鍋」の発祥地が、重慶と貴州を往来する商人たちの宿場のあった、ここ南山黄桷埡の龍井だと言われる。簡単、迅速、安さを求める商人たちに応えるように、南山泉水の美しい水を使って、コショウ、唐辛子、塩、牛脂などを効かせてつくった「陸派火鍋」。その伝統は南山黄桷埡龍井で受け継がれ、真っ赤なスープに肉や内臓、

野菜などの食材を入れて食する。あたりは火鍋公園として整備され、2000人が同時に火鍋を食べられる鮮龍井はじめ、怡寧、古月泉といった店がならぶ。

南温泉 南温泉 nán wēn quán ナァンウェンチュアン［★☆☆］
重慶南郊外にあり、北温泉とともに重慶を代表する温泉の南温泉（南温塘）。陪都（1937～46年）時代に、国民党首脳がたびたび訪れ、蒋介石、宋美齢、孔祥熙らが南温泉で休暇をとった。硫黄が強く、皮膚病によいという。

【地図】重慶郊外

【地図】重慶郊外の [★★★]
- [ ] 磁器口古鎮 磁器口古镇ツウチイコォウグウチェン

【地図】重慶郊外の [★☆☆]
- [ ] 鮮龍井 鲜龙井シィエンロォンジィン
- [ ] 南温泉 南温泉ナァンウェンチュアン
- [ ] 波浪形公路 波浪形公路ボオラァンシィンゴォンルウ
- [ ] 大渡口 大渡口ダアドゥコォウ
- [ ] 華岩寺 华岩寺フゥアイェンスウ
- [ ] 走馬古鎮 走马古镇ゾゥウマアグウチェン
- [ ] 金鳳鎮 金凤镇ジィンフェンチェン
- [ ] 両江影視城 两江影视城 リィアンジィアンイィンシイチャン
- [ ] 両江新区 两江新区リィアンジィアンシィンチュウ
- [ ] 重慶国際展覧中心 重庆国际博览中心 チョンチィングゥオジイボオラァンチョンシィン
- [ ] 重慶園博園 重庆园博园 チョンチィンユゥエンボオユゥエン
- [ ] 重慶巴渝民俗博物館 重庆巴渝民俗博物馆 チョンチィンバアユウミィンスウボオウウグゥアン
- [ ] 重慶江北国際空港 重庆江北机场 チョンチィンジィアンベェイジイチャアン
- [ ] 釣魚城 钓鱼城ディアオユウチャン
- [ ] 北碚 北碚ベェイベェイ

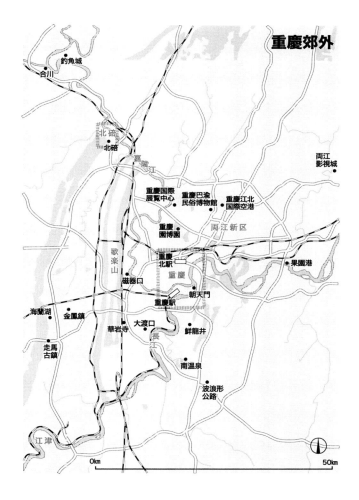

重慶

波浪形公路 波浪形公路
bō làng xíng gōng lù ボオラァンシィンゴォンルウ［★☆☆］
波浪形公路は界石鎮にある波状の道路。隣接する4階建て商業ビルのどの階にも車で入れるように設計されている。その道路の状態が波打つように見える。

大渡口 大渡口 **dà dù kǒu ダアドゥコォウ**［★☆☆］
大渡口という名称は、清朝道光（1820〜50年）年間に長江の渡し船が往来するようになり、ここが長江渡河地点となったことに由来する。重慶市街南部にあり、行政区の名前となっ

ているほか、大渡口古鎮も残る（中国共産党が重慶を解放したときは、大渡口よりさらに南の江津で長江を渡った）。

華岩寺 华岩寺 huá yán sì フゥアイェンスウ ［★☆☆］
重慶南西郊外に位置する仏教寺院の華岩寺。創建は唐宋時代と言われ、明代の1599年に修建され、清代に聖可大師が住持して、規模が大きくなった。天王殿、大雄宝殿、蔵経楼といった伽藍からなり、また巨大な金色の座仏も見える。「川東第一名刹」と呼ばれ、この華岩寺の周囲には、華岩洞、華岩湖といった景勝地も位置する。

CHINA
重慶

走馬古鎮 走马古镇 zǒu mǎ gǔ zhèn ゾウマアグウチェン［★☆☆］
明清時代の面影を今に伝える走馬古鎮。北の巴県（重慶）と南の江津を結び、重慶と成都を結ぶ街道上の宿場町だった。明代に栄え、700年あまりの歴史がある。坂を利用した走馬崗にあわせて民居が連なる。

金鳳鎮 金凤镇 jīn fèng zhèn ジィンフェンチェン［★☆☆］
重慶西郊外の九龍坡区に位置する金鳳鎮。周囲は山水豊かな農村地帯となっている。この金鳳鎮で火鍋博物館が開館し、また西4kmのところには海蘭湖が位置する。

▲左　市街まで少し距離がある重慶江北国際空港。　▲右　路上でテーブルを囲んで料理を食べる

両江影視城 两江影视城 liǎng jiāng yǐng shì chéng
リィアンジィアンイィンシイチャン［★☆☆］

日中戦争、陪都（1937〜46年）時代の重慶をテーマとする両江影視城。国民党の首都の街並みを再現する「民国街」、王陵基の「紅楼」、重慶打銅街にあった「銀行同業工会」、白象街の「江全泰号」、陪都の官僚機構があった「国民政府行政院」、郭沫若の『屈原』が演じられた「国泰戯院」、周恩来が活躍した「《新華日報》営業部」、現在の解放碑にあたる「抗戦勝利紀功碑」など、中華民国時代の建物や街並みが再現されている。

重慶

重慶江北国際空港 重庆江北机场
chóng qìng jiāng běi jī chǎng
チョンチィンジィアンベェイジイチャアン ［★☆☆］

重慶市街の北郊外21kmに位置する重慶江北国際空港。「CQA」（Chong Qing Airport）と呼ばれるこの空港は、1990年から利用がはじまり、重慶と各都市を結ぶ。この空港が完成する以前、重慶には陪都（1937～46年）時代から使用されていた白市駅飛行場や珊瑚礁の空港があった。

重慶郊外城市案内 / Around Chongqing

重慶巴渝民俗博物館 重庆巴渝民俗博物馆
chóng qìng bā yú mín sú bó wù guǎn
チョンチィンバアユウミィンスウボオウウグゥアン[★☆☆]

巴渝とは重慶のことで、この地域の民俗、文化遺産の収集、保護、研究を行なう重慶巴渝民俗博物館。基本陳列は農耕生活庁、物質生活庁で、重慶の木彫りや工芸品、服飾、生活用品、銅銭、陶磁器などが見られる。1994年に建てられた。

重慶

重慶園博園 重庆园博园 chóng qìng yuán bó yuán
チョンチィンユゥエンボオユゥエン ［★☆☆］

2011年に開催された重慶園博園にあわせて整備された巨大なテーマパーク。高さ51.6mの「重雲塔」、白壁の中軸線に配置された「龍景書院」、赤色のモニュメント「円縁園」、巴渝といわれた重慶の伝統的な建築で建てられた5層の「主展館」、吊脚楼が見られる「巴渝園」などから構成されている（中国各地の庭園が再現されている）。

 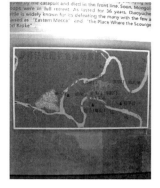

▲左　ふたつの河川＝両江のほとりで開発が進む両江新区。　▲右　モンゴル軍がいかに釣魚城を攻めたか、の図

重慶国際展覧中心 重庆国际博览中心
chóng qìng guó jì bó lǎn zhōng xīn
チョンティングゥオジイボオラァンチョンシィン [★☆☆]

2013年に開館した、重慶北部の両江新区に位置する重慶国際展覧中心。ビジネス展示会や会議が行なわれる展示場で、「悦来会展城」と呼ばれる。豊かな自然や森林に抱かれ、広大な敷地をもつ。

CHINA
重慶

釣魚城 钓鱼城 diào yú chéng ディアオユウチャン [★☆☆]
嘉陵江をさかのぼった重慶北郊外の合川、そこから東北 5 km の嘉陵江南岸の釣魚山に古戦場跡がある。迫りくるモンゴル軍に対して、釣魚城は大小 200 回あまりの戦い、36 年間ものあいだ守り続けた奇跡の城と呼ばれる。1239 年、四川制置副使で、重慶府の長官となった彭大雅が、モンゴル軍対策として釣魚山に城塞を築き、重慶の城壁や洪崖門も改修した。その後、1241 年、四川安撫制置使となった南宋の余玠は、治所を成都から重慶へ遷した（四川安撫制置史兼重慶知府）。翌年、元軍の侵攻をとめるために釣魚城を整備し、内城と外

重慶郊外城市案内　Around Chongqing

城、水軍埠頭、演武場、皇城をそなえ、周囲20 kmの城壁に9つの城門がおかれていた。釣魚山のうえに立つ吊魚城を中心に、他の20あまりの山城が交通の要衝（水路）に築かれ、相互に対応して防御する体制をもっていた。1259年、モンゴルのモンケ・ハンが10万の大軍で攻めてきたが、ここ釣魚城で戦いで重傷を負って陣中で没した（城下で病死したともいう）。やがてモンゴル軍の猛攻はとめられずに、1279年に南宋は滅亡、その1年前に重慶も落城した。

Guide, Bei Bei
北碚
城市案内

縉雲山のそびえる自然豊かな北碚の地
陪都（1937～46年）時代に衛星都市として注目され
老舎をはじめとする文人にも愛された

北碚 北碚 běi bèi ベェイベェイ ［★☆☆］
重慶北50kmに位置する北碚は、ほとんど何もない郊外の地だったが、重慶が首都となった陪都（1937～46年）時代に盧作孚、盧子英らの力で実験地区として整備された（1939年に、遷建区に指定された）。日本軍の爆撃を避けるため、機関、学校、文化団体や有名人などが北碚に移住し、「小陪都」と呼ばれて重慶の衛星都市となった。嘉陵江の河岸にあり、「縉雲山」をはじめとする豊かな自然に抱かれ、「老舎旧居」「北温泉」なども位置する。

【地図】北碚

【地図】北碚の [★☆☆]
- ☐ 北碚 北碚ベェイベェイ
- ☐ 老舎旧居 老舎旧居ラァオシャエジィウジュウ
- ☐ 縉雲山 缙云山 ジィンユゥンシャン
- ☐ 重慶自然博物館新館 重庆自然博物馆新馆 チョンチィンズゥラァンボオウウグゥアンシィングゥアン
- ☐ 北温泉 北温泉ベェイウェンチュエン

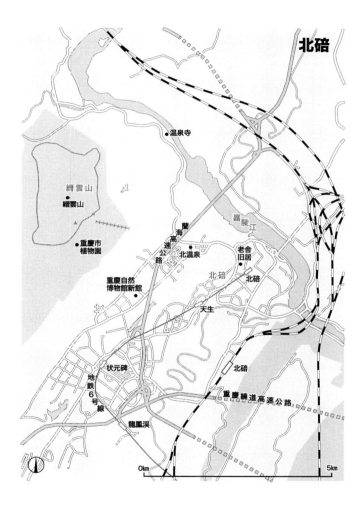

CHINA
重慶

老舎旧居 老舎旧居
lǎo shě jiù jū ラァオシャエジィウジュウ [★☆☆]

近代中国を代表する北京生まれの作家老舎（1899〜1966年）は、日中戦争のさなか重慶に遷り住み、1943〜1946年、この北碚で暮らした。もともと長江沿いの重慶白象街にあった新蜀報館が老舎の拠点だったが、1943年の夏、重慶の暑さを避けて、ここ北碚の老舎旧居に遷った。北碚は静かで環境がよく、「とても暑くて、重慶へ帰る元気がない」と、用があるとき以外、重慶を訪れることはなかったという。老舎の代表作『四世同堂』は、1944年の正月から北碚で書かれ、

▲左　軌道交通が重慶市街から郊外まで伸びる。　▲右　嘉陵江の夜景、北碚はこの上流に位置する

戦後の1946年、老舎はアメリカ国務省の招きで渡米した。のちに北京で暮らし、戯曲や大衆芸能の創作という分野で活躍したが、文革中に生命を落とした。

CHINA
重慶

北温泉 北温泉 běi wēn quán ベェイウェンチュエン[★☆☆]
重慶郊外の、北、南、西と三大温泉郷のなかで、もっとも優れた温泉にあげられる北温泉（重慶の温泉資源は世界レベルだという）。豊富な湧水量、38度前後の水温、微量のラドンといった泉質が、美容や皮膚病によいという。南朝時代の423年には温泉寺があり、明清時代から人びとは寺に詣り、縉雲山の景色を楽しんで、温泉につかった。1927年、民族資本家の盧作孚がここに嘉陵江温泉公園を建設した経緯があり、石刻園内には宋代の摩岩石刻の羅漢像が残っている。

重慶自然博物館新館 重庆自然博物馆新馆
chóng qìng zì rán bó wù guǎn xīn guǎn チョンチィンズウラァンボオウウグゥアンシィングゥアン［★☆☆］

中国西部科学院の歴史を受け継ぐ重慶自然博物館新館。2006年に修建が決まり、縉雲山の山麓に遷ってきた。象やキリンなど動物の標本を集めた動物星球をテーマにした「貝林庁」、山水都市重慶の自然や人に焦点をあてた「重慶庁」、恐竜の化石を展示する恐竜世界「恐竜庁」、宇宙と地球の神秘の「地球庁」、生命の進化激流にまつわる「進化庁」、地球に生きる生態系や人類、生態家園の「環境庁」からなる。

縉雲山 缙云山 jìn yún shān ジィンユゥンシャン ［★☆☆］
名峰縉雲山は標高1050mで、古くは巴山と呼ばれ、重慶の暑さを避ける避暑地としても知られた（「小峨眉」ともたたえられた）。九連峰からなり、南朝劉宋の423年に建てられた仏教聖地の「縉雲寺」はじめ、晩唐の「石照壁」、日の出が見える獅子峰の「太虚台」、植物資源が豊富なことからこの地で開館した「重慶市植物園」も位置する。またモンケ・ハン（1208〜59年）が亡くなった「温泉寺」も残る。

重慶郊外こぼればなし

CHINA
重慶

清初、陪都時代、三峡ダムの建設時
長江中下流域からたび重なる移住者の波が
重慶に押し寄せ、都市は拡大していった

移住者がつくった工業都市

「内陸最大の工業都市」という重慶の性格は、蒋介石（1887〜1975年）がこの街に陪都（臨時首都）をおいたことにはじまる。上海周辺の大型工場、国有企業、軍需工場が重慶に遷り、街の性格を一変させた。また新中国成立後、重慶は1964年以来の毛沢東による三線建設（戦争など非常時を想定して、工業を「三線＝西部」に備えること）の中心地としての地位をしめた。1997年3月14日、重慶市は四川省から分離して、4番目の直轄市となり、省と同じ権限をもつことが決定した。豊富な長江の水量を電力に使う三峡ダム建設に

Around Chongqing 重慶郊外こぼればなし

あたって、水位が 30m 上昇し、長さ 600 km、幅 1.1 km の巨大な貯水湖ができ、100 万人を超える人びとの移住計画、職業斡旋などの任務が求められた。また沿岸地域にくらべて遅れた内陸部の経済開発（西部大開発）の主導的役割が期待された。こうして移住者によって、重慶周縁部だった農村地帯の都市化が進み、市域が広く、農村と都市を結ぶいくつもの衛星都市を抱える重慶と重慶郊外の姿ができあがった。

CHINA
重慶

重慶は海をもつ

西は四川省、チベット、南は雲南省、貴州省、東南アジア、インド、北は陝西省、甘粛省へと通じる重慶は、ちょうど内陸部への起点となっている。くわえて中国最大の大河長江を通じて、武漢、南京、上海といった街、さらには東海ともつながり、重慶は海をもつという。こうした商業貿易中心地という重慶の性格は宋代からはじまり、明清時代には各地からの物資が朝天門碼頭に集まった。1891年に重慶が開港すると、イギリスは南岸の龍門浩（王家沱）に進出して、こちらに碼頭が築かれた（上海、武漢、重慶を結ぶ航路が開通した）。

Around Chongqing　重慶郊外こぼればなし

▲左　郊外の開発区には大型施設も次々に建てられた。　▲右　重慶市街の屋台にて、路上がレストランに様変わりする

20世紀以降、より大きな船が接岸できるように、朝天門に替わる港が整備され、重慶南駅に隣接した九龍坡碼頭、また長江をくだったところにある両江新区の寸灘港、さらに果園港も開港した。

陪都重慶にいた日本人

長谷川テル（1912〜1947年）は、緑川英子、ベルダ・マーヨといった名前でも知られ、同じエスペランチストの中国人劉仁と結婚した。横浜より上海に渡り、日中戦争のさなか、漢口で戦争反対を訴える放送に携わった（一方で、日本の新

CHINA
重慶

間からは、テルの放送は非難された)。やがて長谷川テルは陪都重慶に遷り、1938 〜 1945 年までまる 7 年間を重慶で暮らしている。当初、太田湾(両路口)の洋館の 2 階を借りていたが、日本軍の爆撃もあって歌楽山の農村へ引っ越し、バスに乗って、重慶市内の国民党中央宣伝部に通ったという。国民党の首都重慶には鹿地亘、青山和夫、その妻の池田幸子らの日本人活動家がいた。

Around Chongqing 重慶郊外こぼればなし

参考文献

『重慶 山と水に映える都市の姿 火鍋と味わう情熱的文化』（于文 / 人民中国）

『成都・重慶物語』（筧文生 / 集英社）

『重庆深度游 Follow me』（《亲历者》编辑部编著 / 中国铁道出版社）

『公共空間に関する研究 -- 中国重慶市磁器口鎮を事例として』（薛羅軍・呉静 / 大阪千代田短期大学紀要）

『蒋介石秘録』（サンケイ新聞社 / サンケイ出版）

『中国中西部開発の中心のひとつ・重慶市について』（横江隆弘 / 上海産業情報センター）

『中国における日本租界』（大里浩秋・孫安石編著 / 御茶の水書房）

『老舎の家族：重慶行を中心にして』（柴垣芳太郎 / 龍谷紀要）

『長谷川テル作品集』（長谷川テル / 日本図書センター）

『長江旅立ち』（NHK エンタープライズ 21/NHK ソフトウエア）

『世界大百科事典』（平凡社）

重慶スタイル（ジェトロ）https://www.jetro.go.jp/ext_images/jfile/report/07001296/7_whole_131209.pdf

重庆抗战遗址博物馆 http://www.cqkangzhan.com/

重庆市旅游网 http://www.cqslyw.com/

重庆渝中旅游网 http://www.yzta.gov.cn/

重庆红岩联线文化发展管理中心 http://www.hongyan.info/

重庆动物园 http://www.cqzoo.com/

重庆自然博物馆 http://www.cmnh.org.cn/

[PDF] 重慶地下鉄路線図 http://machigotopub.com/pdf/chongqingmetro.pdf

[PDF] 重慶空港案内 http://machigotopub.com/pdf/chongqingairport.pdf

[PDF] 重慶STAY（ホテル＆レストラン情報） http://machigotopub.com/pdf/chongqingstay.pdf

まちごとパブリッシングの旅行ガイド
Machigoto INDIA , Machigoto ASIA , Machigoto CHINA

【北インド - まちごとインド】

001 はじめての北インド
002 はじめてのデリー
003 オールド・デリー
004 ニュー・デリー
005 南デリー
012 アーグラ
013 ファテープル・シークリー
014 バラナシ
015 サールナート
022 カージュラホ
032 アムリトサル

【西インド - まちごとインド】

001 はじめてのラジャスタン
002 ジャイプル
003 ジョードプル
004 ジャイサルメール
005 ウダイプル
006 アジメール（プシュカル）
007 ビカネール
008 シェカワティ
011 はじめてのマハラシュトラ
012 ムンバイ
013 プネー
014 アウランガバード
015 エローラ
016 アジャンタ
021 はじめてのグジャラート
022 アーメダバード
023 ヴァドダラー（チャンパネール）
024 ブジ（カッチ地方）

【東インド - まちごとインド】

002 コルカタ
012 ブッダガヤ

【南インド - まちごとインド】

001 はじめてのタミルナードゥ
002 チェンナイ
003 カーンチプラム
004 マハーバリプラム
005 タンジャヴール
006 クンバコナムとカーヴェリー・デルタ
007 ティルチラパッリ
008 マドゥライ
009 ラーメシュワラム
010 カニャークマリ
021 はじめてのケーララ
022 ティルヴァナンタプラム
023 バックウォーター（コッラム～アラップーザ）
024 コーチ（コーチン）
025 トリシュール

【ネパール - まちごとアジア】

001 はじめてのカトマンズ
002 カトマンズ
003 スワヤンブナート

004 パタン
005 バクタプル
006 ポカラ
007 ルンビニ
008 チトワン国立公園

【バングラデシュ - まちごとアジア】

001 はじめてのバングラデシュ
002 ダッカ
003 バゲルハット（クルナ）
004 シュンドルボン
005 プティア
006 モハスタン（ボグラ）
007 パハルプール

【パキスタン - まちごとアジア】

002 フンザ
003 ギルギット（KKH）
004 ラホール
005 ハラッパ
006 ムルタン

【イラン - まちごとアジア】

001 はじめてのイラン
002 テヘラン
003 イスファハン
004 シーラーズ
005 ペルセポリス
006 パサルガダエ（ナグシェ・ロスタム）
007 ヤズド
008 チョガ・ザンビル（アフヴァーズ）
009 タブリーズ

010 アルダビール

【北京 - まちごとチャイナ】

001 はじめての北京
002 故宮（天安門広場）
003 胡同と旧皇城
004 天壇と旧崇文区
005 瑠璃廠と旧宣武区
006 王府井と市街東部
007 北京動物園と市街西部
008 頤和園と西山
009 盧溝橋と周口店
010 万里の長城と明十三陵

【天津 - まちごとチャイナ】

001 はじめての天津
002 天津市街
003 浜海新区と市街南部
004 薊県と清東陵

【上海 - まちごとチャイナ】

001 はじめての上海
002 浦東新区
003 外灘と南京東路
004 淮海路と市街西部
005 虹口と市街北部
006 上海郊外（龍華・七宝・松江・嘉定）
007 水郷地帯（朱家角・周荘・同里・甪直）

【河北省 - まちごとチャイナ】

001 はじめての河北省
002 石家荘
003 秦皇島
004 承徳
005 張家口
006 保定
007 邯鄲

【江蘇省 - まちごとチャイナ】

001 はじめての江蘇省
002 はじめての蘇州
003 蘇州旧城
004 蘇州郊外と開発区
005 無錫
006 揚州
007 鎮江
008 はじめての南京
009 南京旧城
010 南京紫金山と下関
011 雨花台と南京郊外・開発区
012 徐州

【浙江省 - まちごとチャイナ】

001 はじめての浙江省
002 はじめての杭州
003 西湖と山林杭州
004 杭州旧城と開発区
005 紹興
006 はじめての寧波
007 寧波旧城
008 寧波郊外と開発区
009 普陀山
010 天台山
011 温州

【福建省 - まちごとチャイナ】

001 はじめての福建省
002 はじめての福州
003 福州旧城
004 福州郊外と開発区
005 武夷山
006 泉州
007 厦門
008 客家土楼

【広東省 - まちごとチャイナ】

001 はじめての広東省
002 はじめての広州
003 広州古城
004 天河と広州郊外
005 深圳（深セン）
006 東莞
007 開平（江門）
008 韶関
009 はじめての潮汕
010 潮州
011 汕頭

【遼寧省 - まちごとチャイナ】

001 はじめての遼寧省
002 はじめての大連
003 大連市街
004 旅順
005 金州新区

006 はじめての瀋陽
007 瀋陽故宮と旧市街
008 瀋陽駅と市街地
009 北陵と瀋陽郊外
010 撫順

【重慶 - まちごとチャイナ】

001 はじめての重慶
002 重慶市街
003 三峡下り（重慶〜宜昌）
004 大足
005 重慶郊外と開発区

【香港 - まちごとチャイナ】

001 はじめての香港
002 中環と香港島北岸
003 上環と香港島南岸
004 尖沙咀と九龍市街
005 九龍城と九龍郊外
006 新界
007 ランタオ島と島嶼部

【マカオ - まちごとチャイナ】

001 はじめてのマカオ
002 セナド広場とマカオ中心部
003 媽閣廟とマカオ半島南部
004 東望洋山とマカオ半島北部
005 新口岸とタイパ・コロアン

【Juo-Mujin（電子書籍のみ）】

Juo-Mujin 香港縦横無尽
Juo-Mujin 北京縦横無尽
Juo-Mujin 上海縦横無尽
Juo-Mujin 台北縦横無尽
見せよう！デリーでヒンディー語
見せよう！タージマハルでヒンディー語
見せよう！砂漠のラジャスタンでヒンディー語

【自力旅游中国 Tabisuru CHINA】

001 バスに揺られて「自力で長城」
002 バスに揺られて「自力で石家荘」
003 バスに揺られて「自力で承徳」
004 船に揺られて「自力で普陀山」
005 バスに揺られて「自力で天台山」
006 バスに揺られて「自力で秦皇島」
007 バスに揺られて「自力で張家口」
008 バスに揺られて「自力で邯鄲」
009 バスに揺られて「自力で保定」
010 バスに揺られて「自力で清東陵」
011 バスに揺られて「自力で潮州」
012 バスに揺られて「自力で汕頭」
013 バスに揺られて「自力で温州」
014 バスに揺られて「自力で福州」
015 メトロに揺られて「自力で深圳」

【車輪はつばさ】
南インドのアイラヴァテシュワラ寺院には建築本体に車輪がついていて寺院に乗った神さまが人びとの想いを運ぶと言います。

・本書はオンデマンド印刷で作成されています。
・本書の内容に関するご意見、お問い合わせは、発行元の
　まちごとパブリッシング info@machigotopub.com までお願いします。

まちごとチャイナ
重慶005重慶郊外と開発区
～山城とりまく「衛星巨群」［モノクロノートブック版］

2018年10月19日　発行

著　者	「アジア城市（まち）案内」制作委員会
発行者	赤松　耕次
発行所	まちごとパブリッシング株式会社 〒181-0013　東京都三鷹市下連雀4-4-36 URL http://www.machigotopub.com/
発売元	株式会社デジタルパブリッシングサービス 〒162-0812　東京都新宿区西五軒町11-13 清水ビル3F
印刷・製本	株式会社デジタルパブリッシングサービス URL http://www.d-pub.co.jp/

MP205

ISBN978-4-86143-343-6 C0326　　　Printed in Japan
本書の無断複製複写（コピー）は、著作権法上での例外を除き、禁じられています。